Susanne Wingels

Heimatschätze

Historische Orte am Niederrhein entdecken

aktiv
KLARTEXT

Bildnachweis

S. 19 Mitte: Christa Jacobs, S. 28, 32: Marlies McDonnell, S. 35: Dagmar Jordan, S. 52: Jutta Walterfang. Alle weiteren Aufnahmen stammen von der Autorin.

Bibliografische Information der Deutschen Nationalbibliothek
Die Deutsche Nationalbibliothek verzeichnet diese Publikation in der Deutschen Nationalbibliografie; detaillierte bibliografische Daten sind im Internet über portal.dnb.de abrufbar.

Impressum

2. aktualisierte Auflage März 2025
Satz und Gestaltung: Birgit Lonsdorfer
Druck und Bindung: Hunter Books GmbH, Kleyerstraße 3, 64295 Darmstadt
Umschlaggestaltung: Guido Klütsch
Umschlagabbildung: Rundturm am Westwall in Xanten – erbaut um 1500, nach 1642 in ein Gartenhaus umgewandelt (Foto: Susanne Wingels)
Autorinnenfoto Umschlagklappe: Jana Kathrin @fotostudiopeschges
Übersichtskarte Seite 6/7: © Pagina Verlag

ISBN 978-3-8375-2486-4

KLARTEXT

Jakob Funke Medien Beteiligungs GmbH & Co. KG
Jakob-Funke-Platz 1, 45127 Essen
info.klartext@funkemedien.de
www.klartext-verlag.de

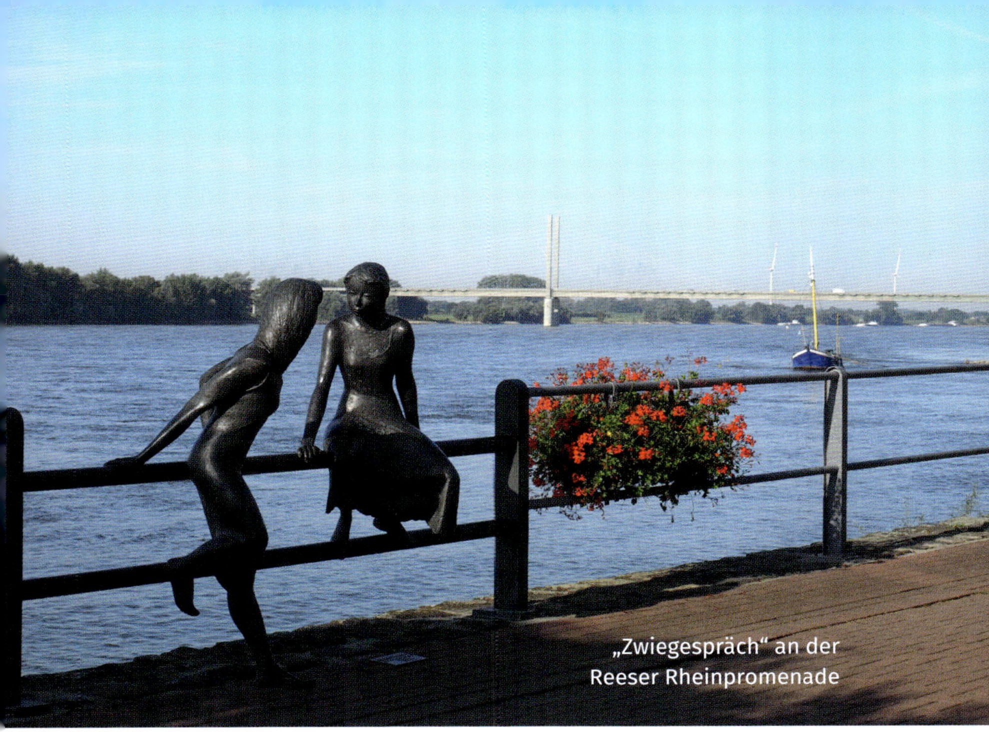

„Zwiegespräch“ an der Reeser Rheinpromenade

Legende

Sehenswürdigkeit

Aussichtspunkt

barrierefrei

Fähre

Kunstobjekt

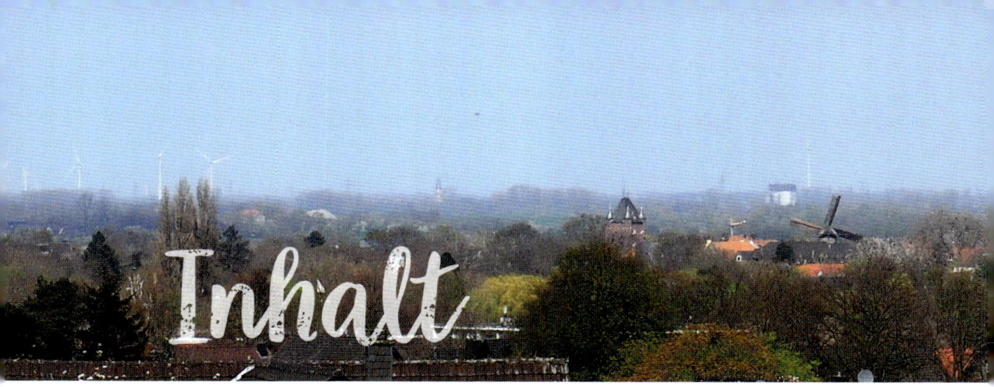

Inhalt

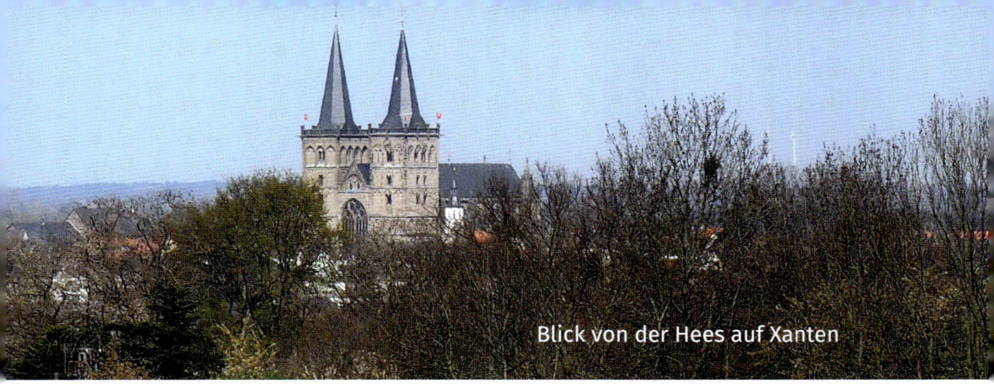

Blick von der Hees auf Xanten

1 Kleve
2 Kranenburg
3 Kalkar
4 Xanten
5 Kevelaer
6 Wachtendonk
7 Kempen
8 Linn
9 Mönchengladbach
10 Brüggen
11 Heinsberg
12 Wassenberg
13 Liedberg
14 Zons
15 Erkelenz
16 Neuss
17 Moers
18 Orsoy und Rheinberg
19 Dinslaken
20 Krudenburg
21 Götterswickerhamm
22 Wesel
23 Rees

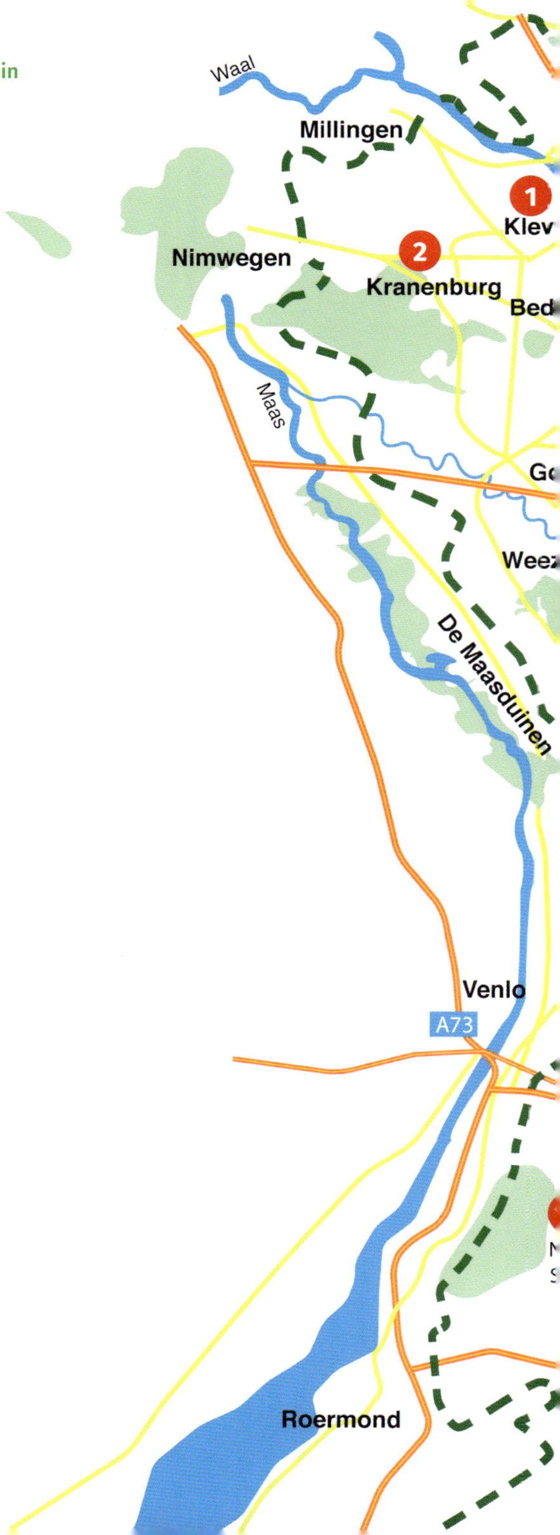

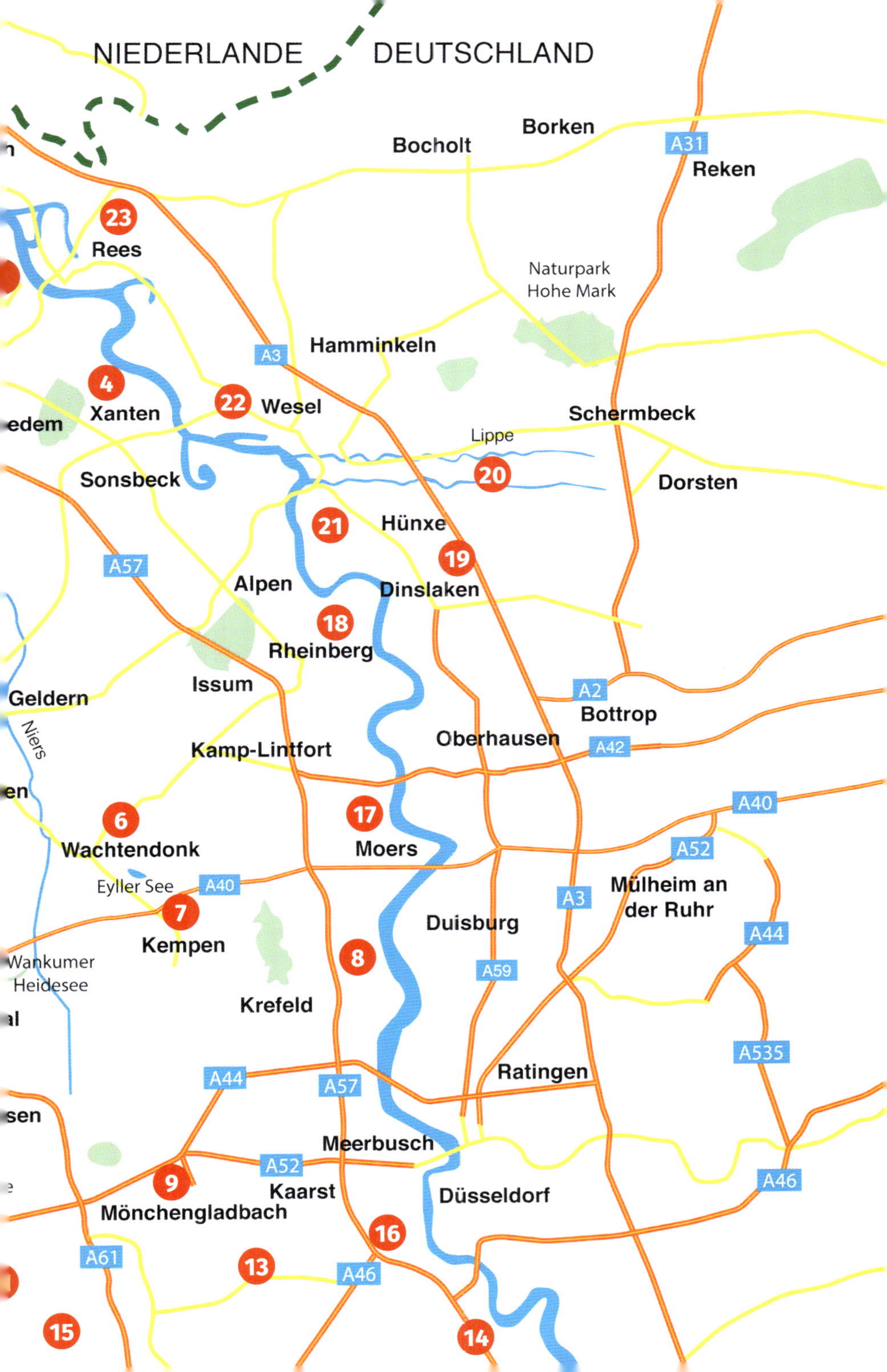

NIEDERLANDE
DEUTSCHLAND
Borken
Bocholt
A31
Reken
23
Rees
Naturpark
Hohe Mark
A3
Hamminkeln
4
Xanten
22
Wesel
Schermbeck
Lippe
Sonsbeck
20
Dorsten
21
Hünxe
19
A57
Alpen
Dinslaken
18
Rheinberg
Issum
A2
Bottrop
Geldern
Niers
Oberhausen
A42
Kamp-Lintfort
A40
6
17
Wachtendonk
Moers
A52
Eyller See
A40
Mülheim an
der Ruhr
7
A3
Kempen
Duisburg
A44
8
Wankumer
Heidesee
A59
Krefeld
A535
Ratingen
A44
A57
Meerbusch
A52
9
Kaarst
A46
Mönchengladbach
Düsseldorf
16
A61
13
A46
15
14

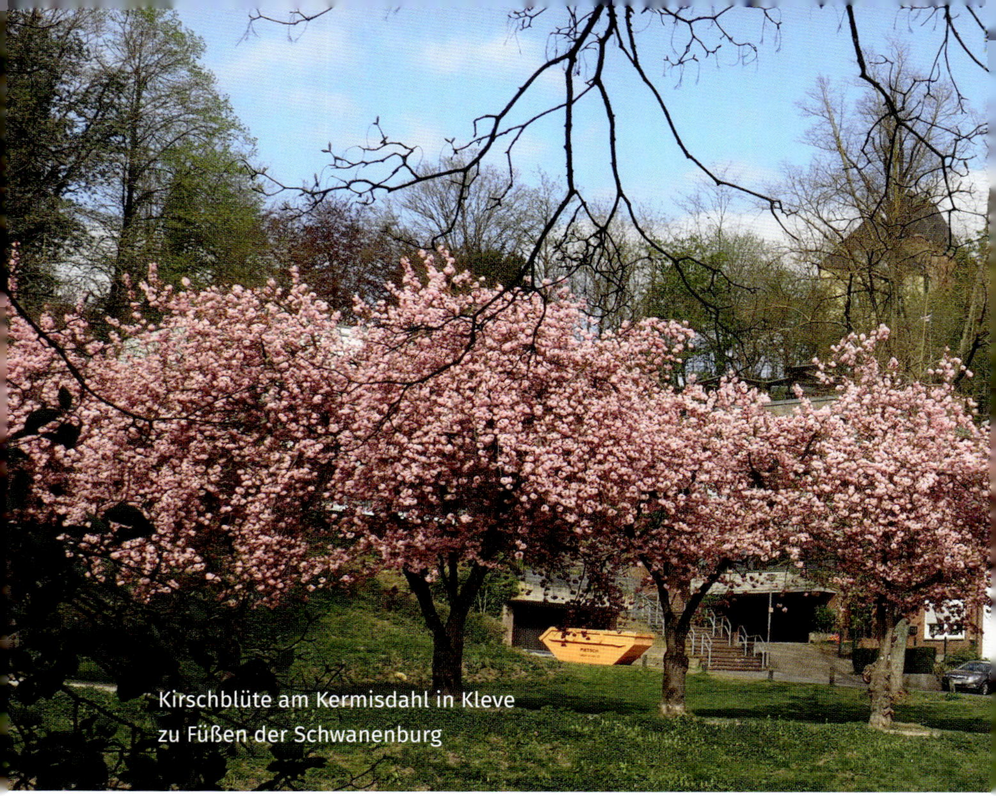
Kirschblüte am Kermisdahl in Kleve
zu Füßen der Schwanenburg

Vorwort

Dieses Buch ist eine Einladung: eine Einladung, die historischen Innenstädte, Orte und Stätten am Niederrhein zu erkunden, eine Einladung, in Geschichte(n) zu stöbern, eine Einladung zur Neugier und zum Genuss! Schwelgen Sie in der Schönheit, die der Niederrhein zu bieten hat, schauen Sie um die nächste Ecke, um auch in entlegenen Winkeln Besonderes zu entdecken.

Am Niederrhein gibt es so viel Altes und so viel Ungewöhnliches, dass sich auch vier Bücher damit füllen ließen. Damit ist dieses Vorwort für mich gleichzeitig ein Stoßseufzer und eine Gedenkminute an all die wundervollen Städte und Orte, für die in diesem Buch kein Platz mehr war, Stadttore, die ich hier nicht abbilden kann, Bürger-

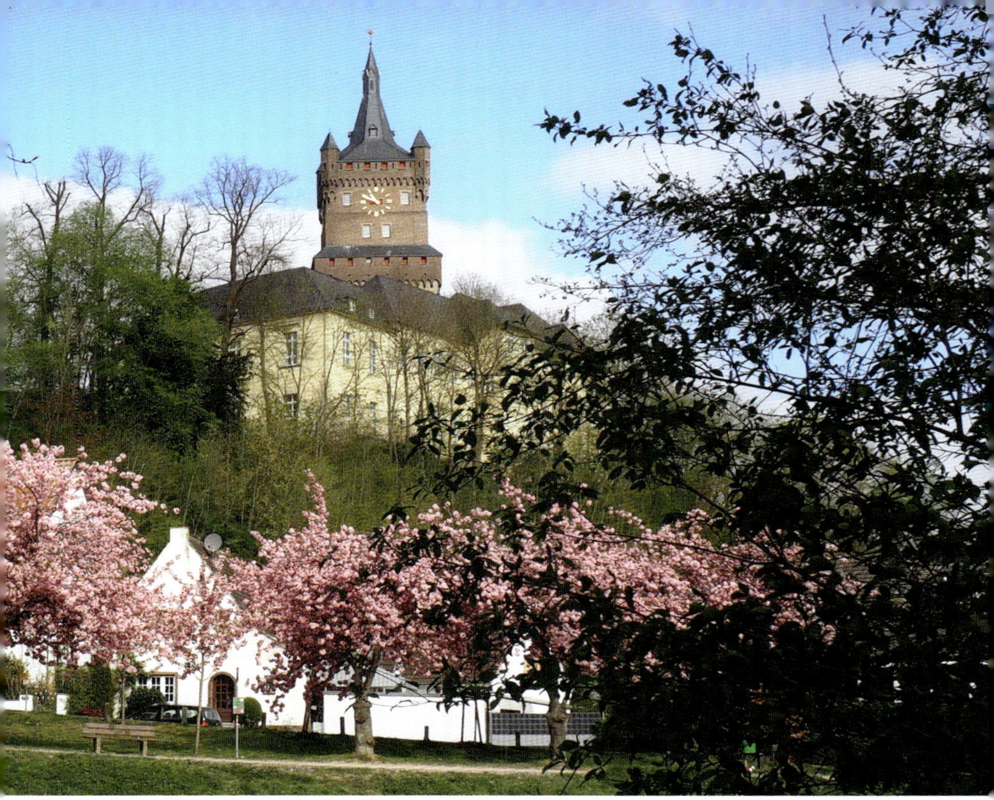

häuser, die ebenfalls gerne bestaunt werden möchten, alte Klöster und Kirchen, von denen ich nur hoffen kann, dass Sie den Weg dorthin trotzdem finden. Ich möchte Ihre Neugier wecken auf all das, was jedes einzelne Dorf am Niederrhein erzählen kann. Diese ganz subjektive Auswahl meiner persönlichen Heimatschätze soll Sie dazu animieren, auf eine Zeitreise zu gehen und die Augen zu öffnen für die historischen Juwelen, die am Niederrhein an jeder Ecke zu finden sind.

Ich wünsche viel Vergnügen beim Entdecken,
Erkunden und Genießen!

Susanne Wingels

Eine Stadt und ihre Burg

Kleve

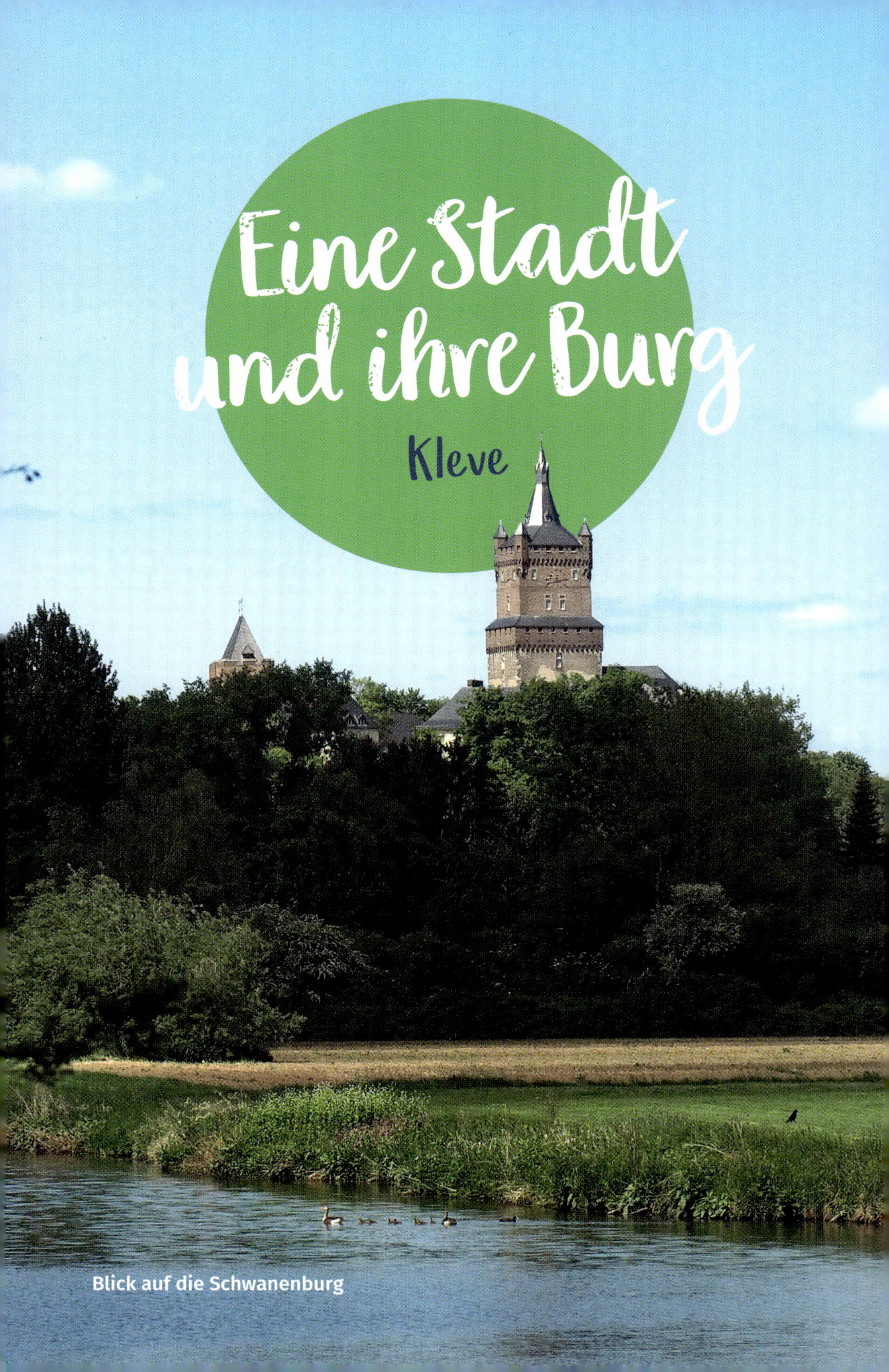

Blick auf die Schwanenburg

Von allen Seiten weithin sichtbar thront die Schwanenburg majestätisch auf dem „Cliff", dem die Stadt Kleve ihren Namen verdankt. Besonders spektakulär ist die Sicht auf die Burg über den Kermisdahl hinweg, vom Klever Ring oder von der Kuppe der Nimweger Straße am Klever Berg.

Von einer Burg in Kleve wird erstmals 1184 berichtet, Ausgrabungen zeigen jedoch, dass bereits weit vor 1100 eine Burg existierte – laut Inschrift am Eingang des Schwanenturms bereits „300 Jahre vor Gottes Geburt". Fassen wir zusammen: Die einzige erhaltene Höhenburg weit und breit (eine von dreien im gesamten Niederrheingebiet und die einzige am Unteren Niederrhein) ist altehrwürdig und majestätisch. Während hier in der Vergangenheit die Klever Grafen und Herzöge residierten, beherbergt sie heute das Klever Amts- und Landgericht.

1

Anreise Pkw/Parkplatz:

An der Stadthalle: Lohstätte 7
(GPS 51° 47'13.89"N, 6° 8'26.33"E)
Parkhaus Stechbahn (GPS 51° 47'11.44"N, 6° 8'6.68"E)
Parkhaus Neue Mitte (GPS 51° 47'8.54"N, 6° 8'5.97"E)

Anreise mit ÖPNV:

Bahnhof Kleve (RE 10, Linien X27, X32, SB58, 44, 49, 50, 51, 55, 56, 57, 60, 70)

www.kleve-tourismus.de
www.klevischer-verein.de

Zeugnisse längst vergangener Zeiten

Die prominente Lage der Schwanenburg erscheint wie ein Sinnbild der Bedeutung, die der heutigen Kreisstadt mit etwa 50.000 Einwohnern in den vergangenen Jahrhunderten zukam: als Sitz des gleichnamigen Grafengeschlechts, als fürstliche Residenz, Regierungssitz und Kurort.

Kleves Keimzelle waren die Burg und die gegenüberliegende Kirchberg-Siedlung aus dem 11. Jahrhundert. Das Grafengeschlecht zu Kleve wurde 1092 erstmals urkundlich erwähnt. Mit der Erteilung der Stadtreche 1242 wurde auf dem Heideberg rund um den Großen Markt eine ummauerte Stadt errichtet, die ab dem 14. Jahrhundert auch das Hagsche Viertel und den Kirchberg mit einschloss. Im Laufe der Jahrhunderte wurden aus den Grafen Herzöge (1417), und durch Erbschaft und Heirat herrschten sie über die Herzogtümer Kleve, Jülich und Berg, die Grafschaften Mark und Ravensberg und die Herrschaft Ravenstein. 1540 wurde Anna von Cleve die vierte Ehefrau des englischen Königs Heinrich VIII – eine der wenigen Damen, die diese Ehe überlebten, und das, obwohl sie so hässlich gewesen sein soll, dass die Ehe nie vollzogen und nach einem halben Jahr für ungültig erklärt wurde.

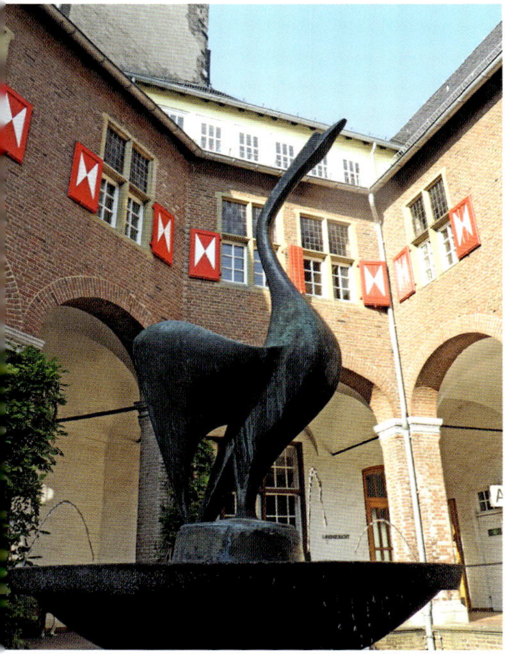

Schwanenbrunnen im Innenhof

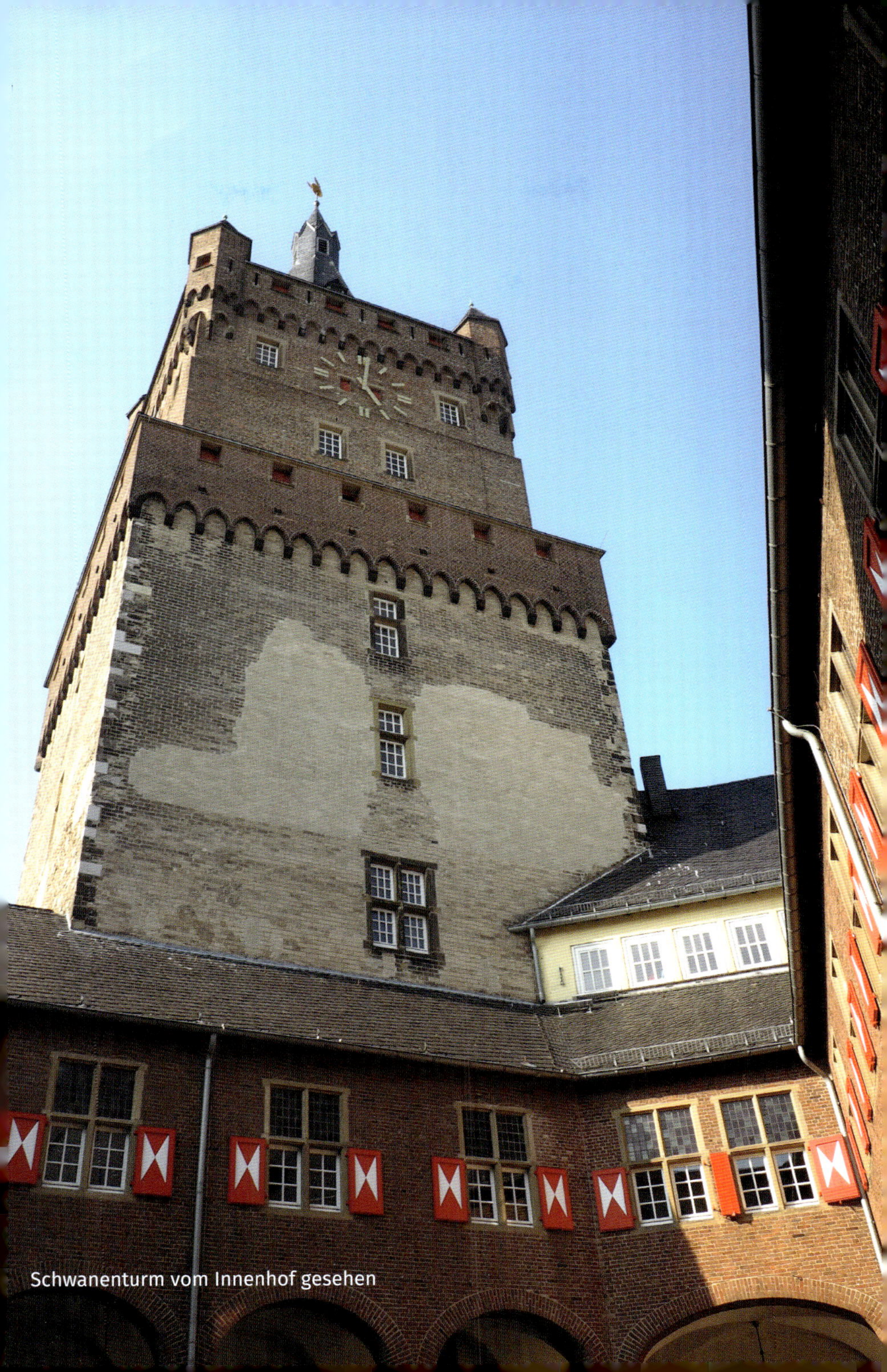

Schwanenturm vom Innenhof gesehen

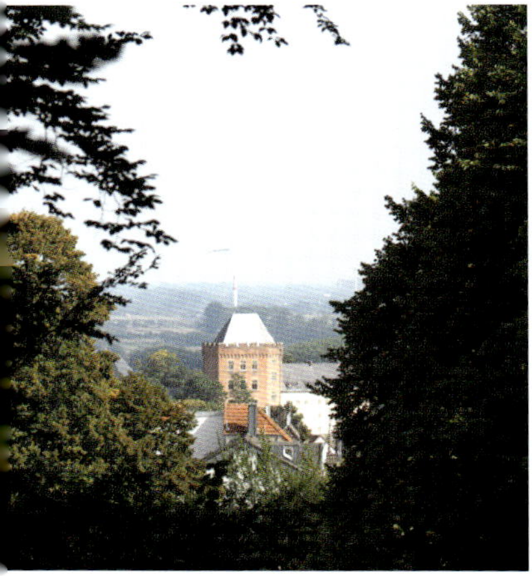

Aussicht auf Kleve und den Spiegelturm der Schwanenburg

1609 verstarb Johann Wilhelm von Kleve-Jülich-Berg, dem man nachsagt, er sei „geisteskrank“ gewesen, ohne Nachkommen. Er hinterließ ein Machtvakuum; der Erbfolgestreit löste einen erbitterten Krieg aus. Letztlich setzte sich der Kurfürst von Brandenburg durch und übernahm Kleve und Mark. Die Stadt wurde preußisch.

Zwei Stadtbrände vor 1368 und im Jahr 1528 veränderten das Gesicht der Stadt. Durch Bombenangriffe wurden 1944 weite Teile der Klever Innenstadt zerstört. Dennoch sind – neben der Schwanenburg und den historischen Gartenanlagen – sehr sehenswerte Zeugnisse der Vergangenheit erhalten: In Sichtweite der Schwanenburg

Info

Die Sage vom Schwanenritter

Der Schwan bestimmt das Klever Stadtbild, ebenso die Geschichte, auf der die Klever Grafen ihre Herkunft gründen und der sogar der Elsa-Brunnen gewidmet wurde. In der Klever Überlieferung werden nicht die von Wagner geprägten Namen Lohengrin und Elsa von Brabant verwendet, sondern es geht um die verzweifelte junge Beatrix, die ihr Erbe nur antreten konnte, wenn sie heiratete. Ihr Beten und Flehen wurde erhört, denn ein prachtvoller Ritter auf einem kleinen Boot (Nachen), das von einem Schwan gezogen wurde, kam den Rhein (den heutigen Kermisdahl) hinab zu ihr. Elias schenkte ihr seinen Schutz, großes Ansehen und drei Söhne, doch dies alles unter einer Bedingung: Niemals dürfe sie ihn nach seiner Herkunft fragen. Als die Kinder heranwuchsen, bedrängten sie ihre Mutter, und schließlich hielt auch sie es nicht mehr aus und befragte ihren Mann. In diesem Moment zog ein Schwan über das Wasser zur Burg und nahm Elias für immer mit sich. Der große Kummer brachte Beatrix noch im gleichen Jahr ins Grab.

Tipp

Es wird eine Vielzahl von spannenden Stadtführungen angeboten. Mit Hilfe von Audioguides und einem QR-Code-Rundgang lassen sich die Sehenswürdigkeiten auch im Alleingang erkunden.
https://www.kleve-tourismus.de/spaziergaenge

prägt die Stiftskirche ebenfalls die Stadtsilhouette. In der dreischiffigen gotischen Basilika mit einer Doppelturmfassade lassen sich Altäre aus Antwerpen und von Dobermann sowie in einer Seitenkapelle die Gräber der Klever Grafen bestaunen. Auf dem Vorplatz erinnert ein Denkmal von Ewald Mataré an die Gefallenen des Ersten Weltkriegs. Zwischen Stiftskirche und Schwanenburg ist der Marstall aus dem Jahr 1467 erhalten. Auf dem Platz vor dem Gebäude thront ein Denkmal des Großen Kurfürsten Friedrich Wilhelm, das 1909 im Gedenken an 300 Jahre preußische Herrschaft enthüllt wurde.
In der Unterstadt befindet sich die Minoritenkirche, die zwar keinen Turm hat, aber Chorgestühl aus dem Jahr 1474 und eine Barockkanzel von 1698. Ein Soldat, der sie im Zweiten Weltkrieg zerbombte, bat später in einem Brief die Klever um Verzeihung – 550 Menschen vergaben ihm mit ihrer Unterschrift.

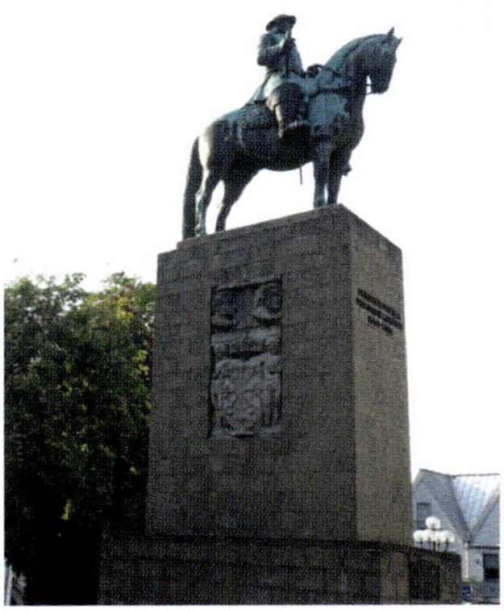

Denkmal des Großen Kurfürsten

Neben einer Reihe klassizistischer Villen auf der Tiergartenstraße sind die katholische Heimvolksschule Wasserburg Rindern im niederländischen Barockstil aus dem Jahr 1654 und das Rokokoschlösschen Haus Schmithausen am Kellener Ortsausgang, das sein heutiges Gesicht im 18. Jahrhundert erhielt und heute die Euregio Rhein-Waal beherbergt, eindrucksvolle Zeugen alter Zeiten. Die Alte Kirche in Kellen blickt sogar auf eine 1000-jährige Geschichte zurück.

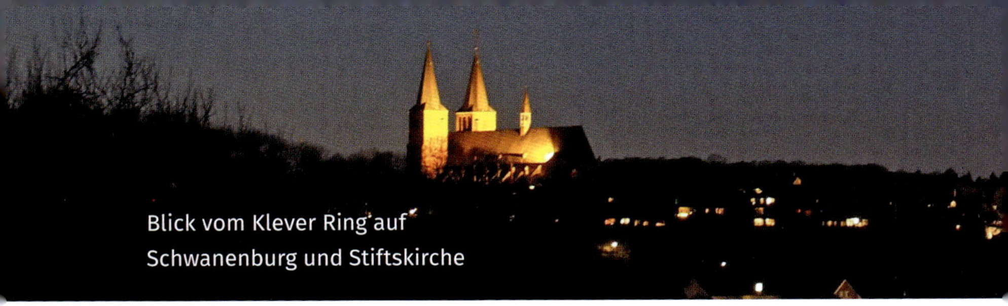
Blick vom Klever Ring auf Schwanenburg und Stiftskirche

Historische Gartenanlagen

Romantische Anwandlungen sind in dieser Umgebung keine Seltenheit – nicht umsonst dienen die historischen Gartenanlagen in Kleve als Kulisse für unzählige Hochzeitsfotos. Im 17. Jahrhundert ließ der brandenburgische Statthalter, Fürst Johann Moritz von Nassau-Siegen, durch Jakob van Campen in seiner Residenzstadt und um sie herum eine prachtvolle Parklandschaft mit zwölf vom Sternberg aus verlaufenden Alleen und Sichtachsen anlegen. Herzstück waren die Klever Gartenanlagen im Stil eines Barockgartens am Springenberg. Auf mehreren Terrassen wurde am Hang ein Amphitheater errichtet, mit Laubengang, Teichanlagen, Mulden und Böschungen, Cerestempel und Statue der Pallas Athene. Unterhalb der Anlage lenkt ein 600 m langer schnurgerader Kanal den Blick Richtung Hochelten, 1653–1794 unterstützt durch die Statue eines Eisernen Mannes. Seit

Tipp

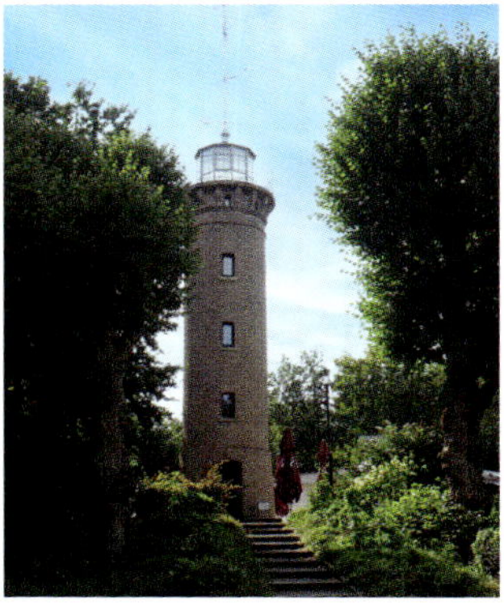

Ein echter „Höhepunkt" der Stadt befindet sich auf dem Klever Berg. Der ehemalige Galgenberg gilt mit 106 m Höhe als höchste Erhebung am Niederrhein. Seit 1895 gibt es hier einen Aussichtsturm, in dem sich eine Gastronomie befindet und regelmäßig Veranstaltungen stattfinden.
www.zumturmkleve.de

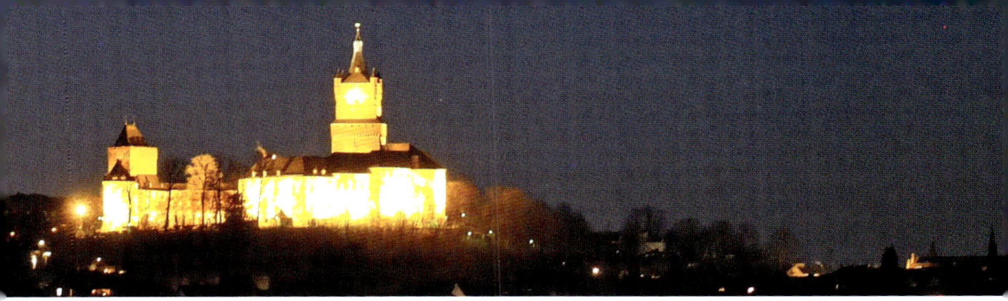

2004 finden wir an gleicher Stelle eine moderne Version dieser Figur. Die Anlage diente als Vorbild für Gartenkunst von internationalem Rang, beispielsweise die Schlossparks in Versailles oder Sanssouci. Im angrenzenden Forstgarten befinden sich seltene Gehölze. Eine erste Pflanzung, von der noch einige Exemplare vorhanden sind, wurde Ende des 18. Jahrhunderts vorgenommen, nachdem am Springenberg eine Heilquelle entdeckt worden war. Das Kurhaus, in dem sich heute ein Museum befindet, wurde errichtet und der Forstgarten als botanischer Garten zum Lustwandeln angelegt. In den Wirren der Napoleonischen Kriege wurden Teile des Parks zerstört. Gartenarchitekt Maximilian Friedrich Weyhe schuf auf der Basis der vorhandenen barocken Anlage und des Forstgartens einen englischen Landschaftsgarten. Nach erneuter Verwüstung durch

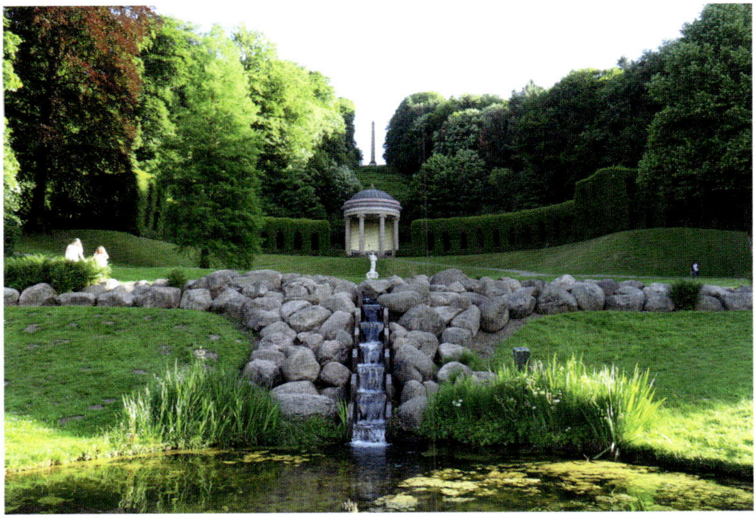

Historische Parkanlagen am Tiergarten

die beiden Weltkriege im 20. Jahrhundert und jahrzehntelanger Vernachlässigung fand seit 1975 eine schrittweise Restaurierung statt. Mittlerweile ist die Anlage Bestandteil der „Straße der Gartenkunst“ und wurde als Europäisches Gartendenkmal ausgezeichnet. Es ist ein Genuss, sich dort aufzuhalten und sich an den vielen Details zu erfreuen, die sich über die Jahrhunderte zu diesem Gesamtkunstwerk gefügt haben. Absolut lohnenswert ist auch der Aufstieg zum Kupfernen Knopf oberhalb des Amphitheaters mit einer atemberaubenden Sicht über die Parkanlagen bis zur Kirchturmspitze der romanischen Stiftskirche auf dem Eltenberg.

Uralte Ortschaften

Als habe Kleve noch nicht genug Historie zu bieten! Die eingemeindeten Ortschaften sind teils noch erheblich älter und bieten einen schier unendlichen Quell an Geschichte(n). Im Bereich der Rheinniederung waren weitaus früher Siedlungen entstanden, denn hier gab es Grundwasser, fruchtbaren Boden und den Rhein als Handelsstraße. Donsbrüggen und Rindern wurden 720/721 erstmals erwähnt, Kellen und Brienen noch im gleichen Jahrhundert, Bimmen 891/92 und Warbeyen 965. In Rindern weisen Funde auf eine Besiedelung

Tipp

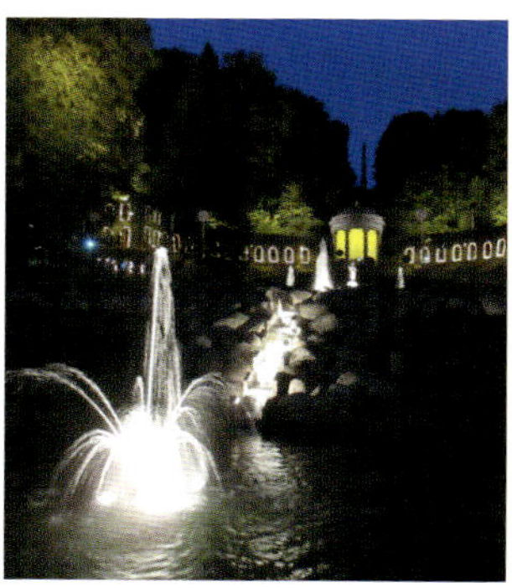

Am zweiten Samstag im September findet zum Abschluss der Forstgartenkonzerte ein buntes Lichterfest mit musikalischem Programm und kunstvollen Illuminationen statt, als dessen Finale nach Einbruch der Dunkelheit ein mit Musik unterlegtes kombiniertes Barock- und Höhenfeuerwerk den Sommer ausklingen lässt. Ein Fest für alle Sinne!

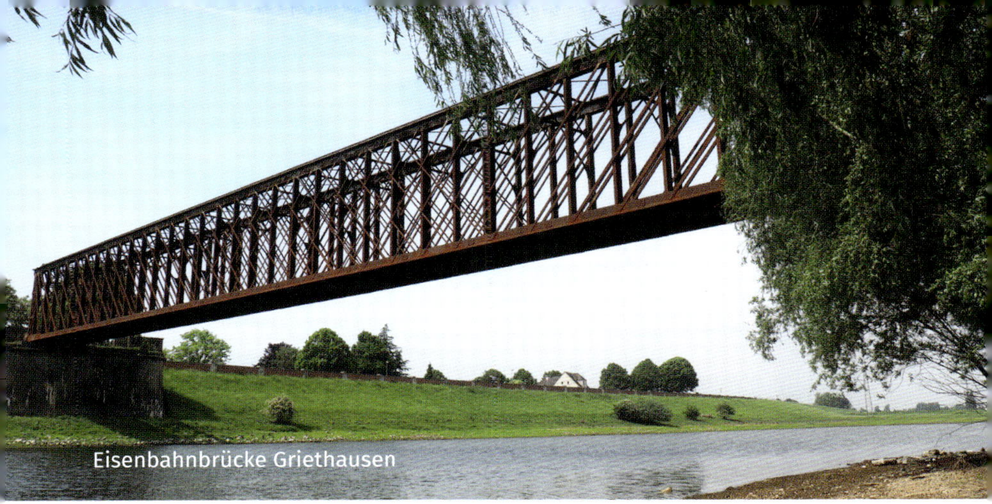

Eisenbahnbrücke Griethausen

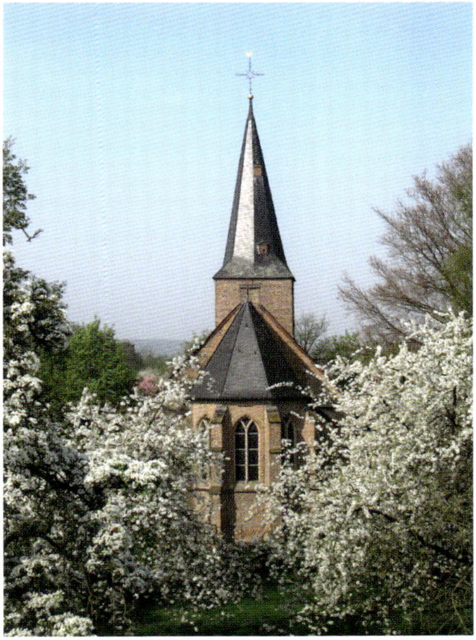

Alte Kirche Kellen

zur Römerzeit hin. Zudem war die Ortschaft unter dem heiligen Willibrord Verwaltungszentrum der Abtei Echternach und noch mehrere Jahrhunderte in klösterlicher Hand. Kellen hingegen besaß durch seine Lage am Altrhein sogar eine Zollburg, das Marktrecht und fünf Mühlen.

Bemerkenswert ist die 1863–1865 erbaute Eisenbahnbrücke in Griethausen, die sich malerisch über den Altrhein spannt und aufgrund ihrer architektonischen Symmetrie nicht nur Fotografen entzückt. Sie gilt als älteste Eisenbahnbrücke Mitteleuropas. Der 102 m langen stillgelegten Brücke folgt eine 464 m lange Vorbrücke über die Rheinwiesen. Bis 1987 wurden hier noch Güter bis zu den Ölwerken Spyck transportiert.

Schenkenschanz

Ein einzigartiger Ort mit besonders bewegter Geschichte ist die Festung Schenkenschanz. Bis heute verwandelt jedes Hochwasser sie in eine Insel, die nur mit einer kleinen Fähre zugänglich ist. Riesige massive Fluttore am Ortseingang sprechen für sich, ebenso die schmalen, malerischen Gassen und das grüne tiefgelegene Umfeld. Allein die Anreise durch unendlich erscheinende Rheinwiesen am Altrhein entlang vermittelt den Eindruck, das Ende der Welt anzusteuern. Tatsächlich bildete der mit 38 Hektar kleinste Klever Ortsteil mit knapp 100 Einwohnern jedoch lange Zeit ein Zentrum der Macht und das Zünglein an der Waage im 80-jährigen Spanisch-Niederländischen Krieg.

Mit dem Bau einer Schanze auf der von Bauern und Fischern besiedelten Rheininsel Grevenward im Jahr 1586 verlegte Martin Schenk

Tipp

Alte Mühle Donsbrüggen

Um es mit den Worten eines Kindes zu sagen: „Endlich einmal was Gesundes, das schmeckt!"

Von Mitte März bis Mitte November wird in der voll funktionsfähigen achteckigen hölzernen Holländerwindmühle aus dem Jahr 1824 jeden Samstag Vollkornbrot gebacken – natürlich aus dem mühleneigenen Mehl! Zu den Öffnungszeiten oder nach Vereinbarung sind jederzeit Führungen möglich. Selber backen wird ebenso für Gruppen angeboten wie das Mühlenvesper (nach Anmeldung). Ein Mühlenmuseum und ergänzende Produkte (Back- und Mühlenbücher, „Mühlenteufel" und „Mühlengeist") vervollständigen das historische Erlebnis.

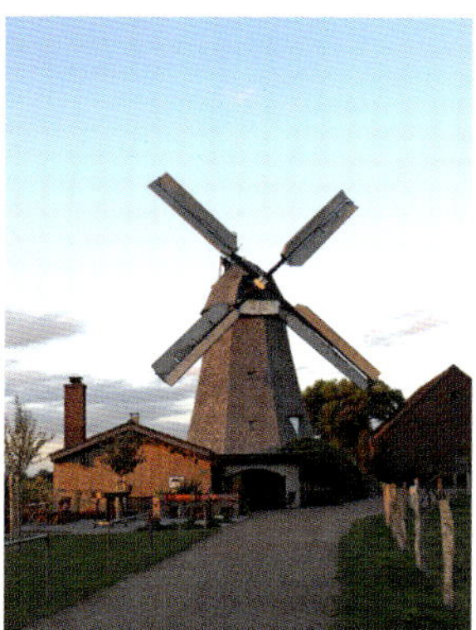

www.muehle-donsbrueggen.de

Info

Klever Helden

Jedes Klever Schulkind kennt ihre Geschichte, und Johann Wolfgang von Goethe widmete ihr eine Ballade: Als im Januar 1809 im Klever Ortsteil Brienen der Rheindamm brach, rettete die 17-jährige Johanna Sebus ihre kranke Mutter. Sie ertrank in den Fluten des Hochwassers, als sie versuchte, eine weitere Mutter und deren Kinder ans rettende Ufer zu bringen. Bereits 1811 wurde ihr ein Denkmal gesetzt, das heute noch in unmittelbarer Nachbarschaft der Schleuse Brienen in Wardhausen besucht werden kann. Ein friedlicher, stiller Ort mit Blick auf den Altrhein.

Auch „der Mann, der Manhattan kaufte" hat einen Bezug zur Klever Ortschaft Rindern. Von Peter Minuit aus Wesel wird erzählt, er habe im Dienst der Niederländischen Westindien-Kompanie 1626 den Indianern für 24 Dollar Manhattan abgekauft (siehe Seite 149). Mit seiner aus Rindern stammenden Frau errichtete er im Havik den Hoppesackhof, der leider nicht mehr steht. Auf der Rückseite des Marienkapellchens am Ortseingang Rindern erinnert eine Gedenktafel daran.

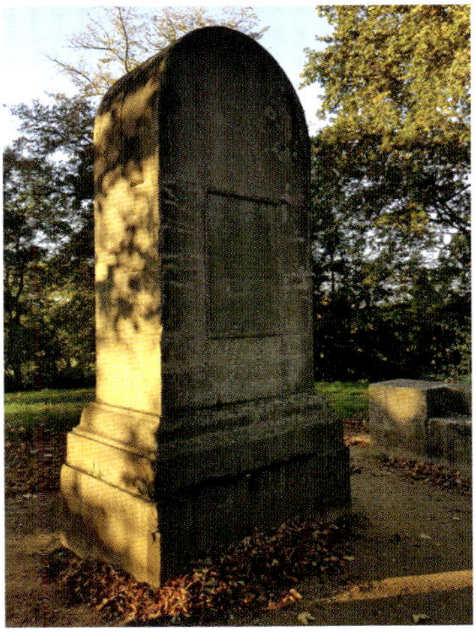

Johanna-Sebus-Denkmal

Die Welt bewegte auch der gebürtige Klever Anarchsis Cloots, Schriftsteller, Politiker und Revolutionär der Französischen Revolution, der sich für die universelle Gültigkeit der Menschenrechte einsetzte.

Im 20. Jahrhundert erlangte ein waschechter Niederrheiner internationale Bedeutung als Künstler: Joseph Beuys wuchs in Kleve auf und ging dort zur Schule. Die größte Sammlung seiner Werke befindet sich im nahegelegenen Museum Schloss Moyland.

von Nideggen den Krieg vor die Tore von Kleve. Er selbst hatte bereits mehrmals die Lager gewechselt und stand nun auf der Seite der Niederländer. Die als uneinnehmbar geltende, immer weiter ausgebaute Festung wurde zum wichtigsten militärischen Stützpunkt der Niederländer, und erst 1635 gelang es den Spaniern, sie zu erobern – und auch dies war nur von kurzer Dauer. Bis zum Kriegsende 1648 litt die Bevölkerung unter den militärischen Auseinandersetzungen. Söldner zogen durchs Land, plünderten und verwüsteten die Gegend. Daran erinnern zahlreiche Überlieferungen und Sagen ebenso wie das Kroatenkreuz in Kevelaer. Die unruhigen Zeiten setzten sich fort.

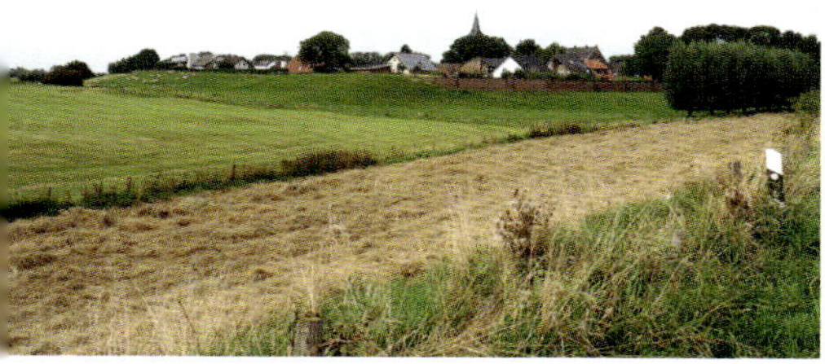

Blick auf das „Inseldorf" Schenkenschanz

Museum

Museum Kurhaus Kleve und B. C. Koekkoek Haus

Während das Museum Kurhaus zeitgenössische Kunst und als Schwerpunkt Werke von Ewald Mataré zeigt, beschäftigt sich das im klassizistischen Stil errichtete ehemalige Wohnhaus des niederländischen Landschaftsmalers B. C. Koekkoek mit Landschaftsmalerei des 19. Jahrhunderts, der „Klever Romantik" und mit der Geschichte der Stadt und der Region.

Museum Kurhaus Kleve, Tiergartenstraße 41, 47533 Kleve (www.museumkurhaus.de)

B.C. Koekkoek Haus, Koekkoekplatz 1, 47533 Kleve (www.koekkoek-haus.de)

Weitere Museen:

Klever Schuhmuseum (www.klever-schuhmuseum.de)

Alte Schmiede Heister, Donsbrüggen (www.metalldesign-heister.de)

Privates Bauernmuseum Langeshof, Kellen (langeshof@freenet.de)

Wenig später, im Holländischen Krieg (1672–1678), versuchten die Franzosen, die Festung zu erobern. Erst als der Rhein versandete und die Niederländer 1702 den Pannerden-Kanal anlegten, so dass Schenkenschanz trockengelegt wurde, kehrte endgültig Ruhe ein.

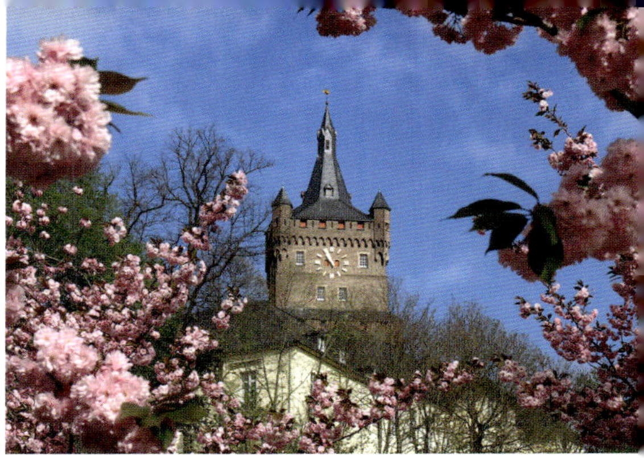

Schwanenburg zur Kirschblüte am Kermisdahl

Gastronomie

Restaurant Landhaus Forstgarten, Joseph-Beuys-Allee 1, 47533 Kleve (www.restaurant-altes-landhaus-im-forstgarten-kleve.de)
Königsgarten Steak & Burger, Königsgarten 53, 47533 Kleve (www.cafe-koenigsgarten.de)
Stadt-Café Conditorei Wanders, Kavarinerstraße 6, 47533 Kleve, (www.cafe-wanders.de)

In der Nähe

Sternbuschbad (www.sternbuschbad.de)
Grenzland-Draisine (www.grenzland-draisine.de)
Tretbootverleih Königsgarten (www.cafe-koenigsgarten.de)
FlussFeuer Bootsverleih (www.flussfeuer.de)
Clever Escape (www.clever-escape.de)
Tiergarten Kleve (www.tiergarten-kleve.de)
Wildgehege Reichswalde (www.facebook.com/Wildgehege-Reichswalde-ev-104364954322049/)
Lama-Trip (www.lamatrip.de)
Infozentrum Keeken – de Gelderse Poort (www.nz-kleve.de)

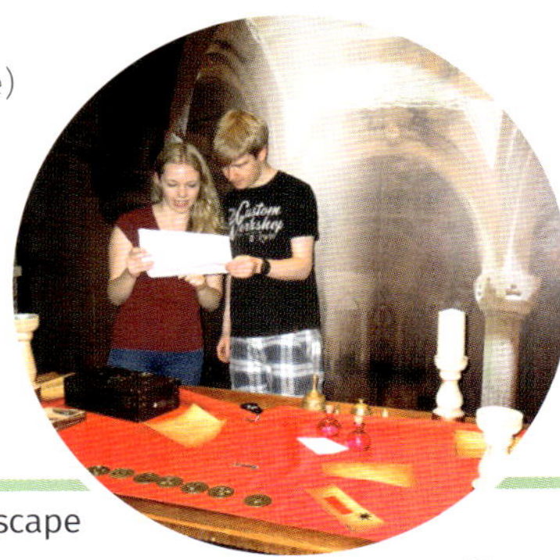

Clever Escape

Von Wallfahrt und Grenzgängern

Kranenburg

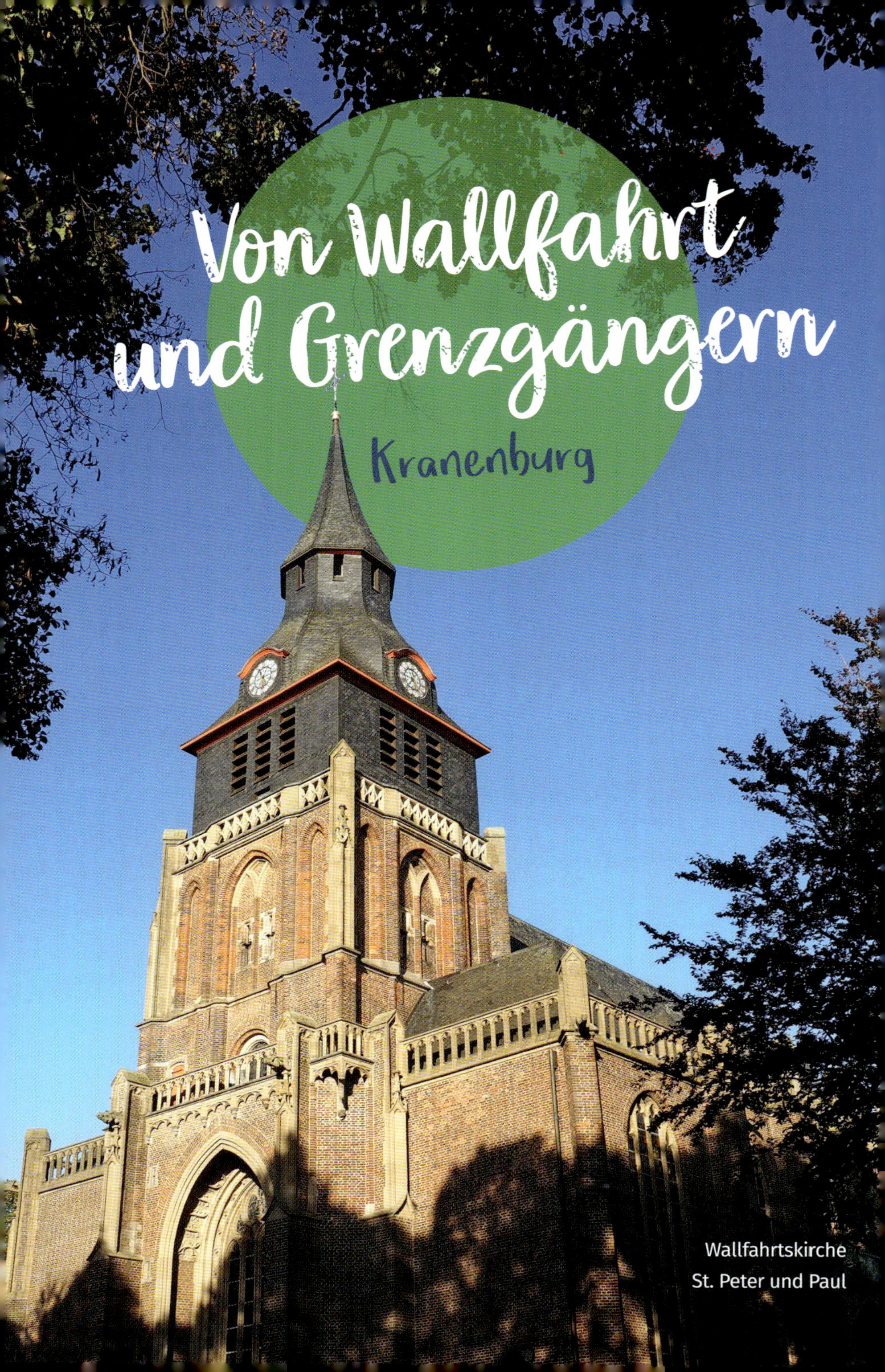

Wallfahrtskirche
St. Peter und Paul

Zur Feier des Osterfestes 1280 empfing auch das einfache Volk des kleinen Örtchens Kranenburg in der damaligen Kirche die heilige Kommunion. Ein Hirtenjunge vom Neuenhof (etwa einen Kilometer südöstlich gelegen) brachte es nicht fertig, den Leib Christi herunterzuschlucken, kletterte auf dem Heimweg auf einen Baum und legte die Hostie in eine Astgabel. Kurz darauf kehrte er reumütig mit einem Priester zurück, um sie zu bergen und zu verspeisen. Doch die Hostie rutschte ins Innere des Baumes. Als dieser Baum 28 Jahre später – im Jahr 1308 – gefällt wurde, befand sich der Legende zufolge im Inneren des Baumes ein einfaches Holzkreuz: die Kranenburger Kreuzwallfahrt war geboren!

Kranenburg ist ein kleiner Ort an der niederländischen Grenze mit einer großen Geschichte. Seit 700 Jahren pilgern die Menschen nun hierher. Jährlich am ersten Sonntag nach „Kreuzerhöhung" am 14. September zieht die Kreuzprozession durch Kranenburg zu dem schlichten Kreuz, das in der Kirche St. Peter und Paul in einem Türmchen im südlichen Seitenschiff ausgestellt ist. Die Jakobswege 3 und 4 kreuzen sich hier.

2

Anreise Pkw/Parkplatz:
Am Großen Haag (GPS 51° 47'24.62"N, 6° 0'38.68"E)

Anreise mit ÖPNV:
Kranenburg: Buslinie SB58, BKR, Haltestelle „Kranenburg Mitte"
Zyfflich: Buslinien 55, 59, BKR, Haltestelle „Zyfflich Kirche"

www.kranenburg.de

Prachtvolle Wallfahrtskirche

Schon beim Betreten der dreischiffigen spätgotischen Pseudobasilika aus dem 15. Jahrhundert verschlägt es dem Betrachter den Atem: Die Kirche empfängt ihn lichtdurchflutet mit einer bunten, würdevollen Pracht, getragen von hohen Säulen und begleitet von unzähligen Verzierungen, die den Blick unweigerlich zu den drei reich geschmückten Altären lenken. Die Ähnlichkeit zum Xantener Dom ist nicht zufällig: Die Kirche wurde vor allem von dessen Baumeister Gisbert Schairt von Zaltbommel entworfen.

Stadtbefestigung am Rütterswall

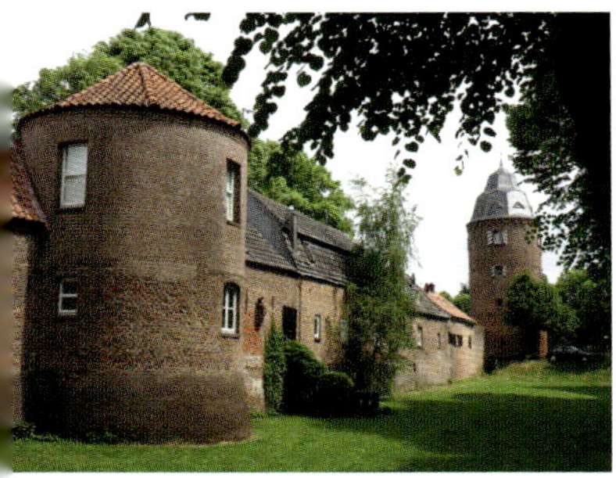
Rütterswall

Da die ursprünglichen Prachtbauten, die Alte Burg, das Stadtschloss und das alte Rathaus, nur noch auf alten Bildern erkennbar sind, ist es die Stadtmauer aus dem Jahr 1400 am Rütterswall entlang der Wanderstraße, die den Betrachter in alte Zeiten eintauchen lässt. Der Mühlenturm, der als Bestandteil der Stadtbefestigung 500 Jahre als Getreidemühle diente, enthält eine Ausstellung zur Stadtgeschichte. Er bildet zusammen mit dem Katharinenhof, der im Mittelalter ein Kloster beherbergte, eine museale Einheit. Sehenswert ist auch die kleine evangelische Kirche an der Ecke Mühlenstraße/Große Straße, ein schlichter Saalbau aus dem Jahr 1723.

Grenzerfahrungen

Grenzerfahrungen sind in Kranenburg an der Tagesordnung. Nicht nur im Zweiten Weltkrieg, als die Front die Ortschaften am Reichswald überrollte und in Schutt und Asche legte, nicht nur in der Erinnerung an alte Schmugglergeschichten ... Nein, auch heute noch ist die Grenze zu den Niederlanden allgegenwärtig: In den verfallenen Zollgebäuden in Wyler, in dem niederländischen Bevölkerungsanteil oder den gelben Nummernschildern der Autos auf den Supermarkt-Parkplätzen, in Straßen, auf denen plötzlich Beschriftung und Beschilderung wechseln, oder auch in der Ortschaft Grafwegen, in der weniger als 100 Einwohner leben, zu der nur zwei Straßen führen und die an drei Seiten von den Niederlanden und an der anderen Seite von Wald begrenzt wird. Die deutsch-niederländische Erinnerungsroute, die sowohl an der 1000-jährigen Zyfflicher Kirche auf deutscher als auch an der frisch restaurierten Thornschen Mühle auf niederländischer Seite vorbeiführt, arbeitet die leidvolle gemeinsame Geschichte beider Länder – vor allem im Zweiten Weltkrieg – auf und führt zudem durch das Naturschutzgebiet Düffelt, in dem im Winterhalbjahr Tausende von Wildgänsen leben. Zyfflich war übrigens auch das erste niederrheinische Dorf, in dem sich 1995 mit Jan und Marie wieder Störche niederließen.

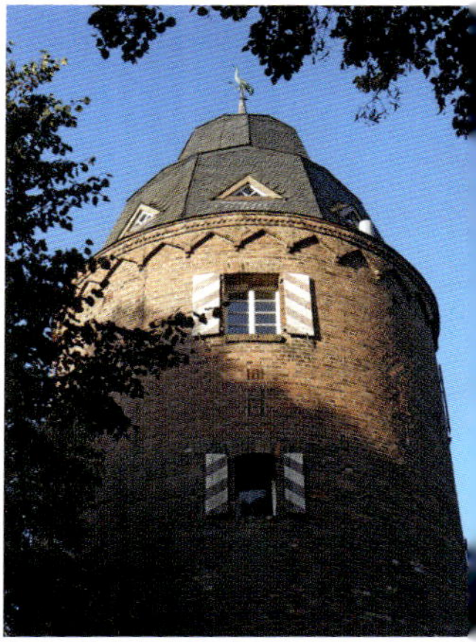

Mühlenturm

Gastronomie

Caféhaus Niederrhein, Bahnhofstraße 15, 47559 Kranenburg (www.cafehaus-niederrhein.de)

Museum

Museum Katharinenhof

Während im Hauptgebäude Kunst und Devotionalien vom Mittelalter bis zur Gegenwart ausgestellt werden und ein Anbau zudem Raum für Veranstaltungen bietet, enthält die benachbarte Stadtscheune aus dem 18. Jahrhundert eine Sammlung landwirtschaftlicher Geräte und eine Ausstellung zum Thema „Altes Handwerk“. Im Mühlenturm wird Sehenswertes zur Stadtgeschichte präsentiert.

Mühlenstraße 9, 47559 Kranenburg (www.museumkatharinenhof.de)

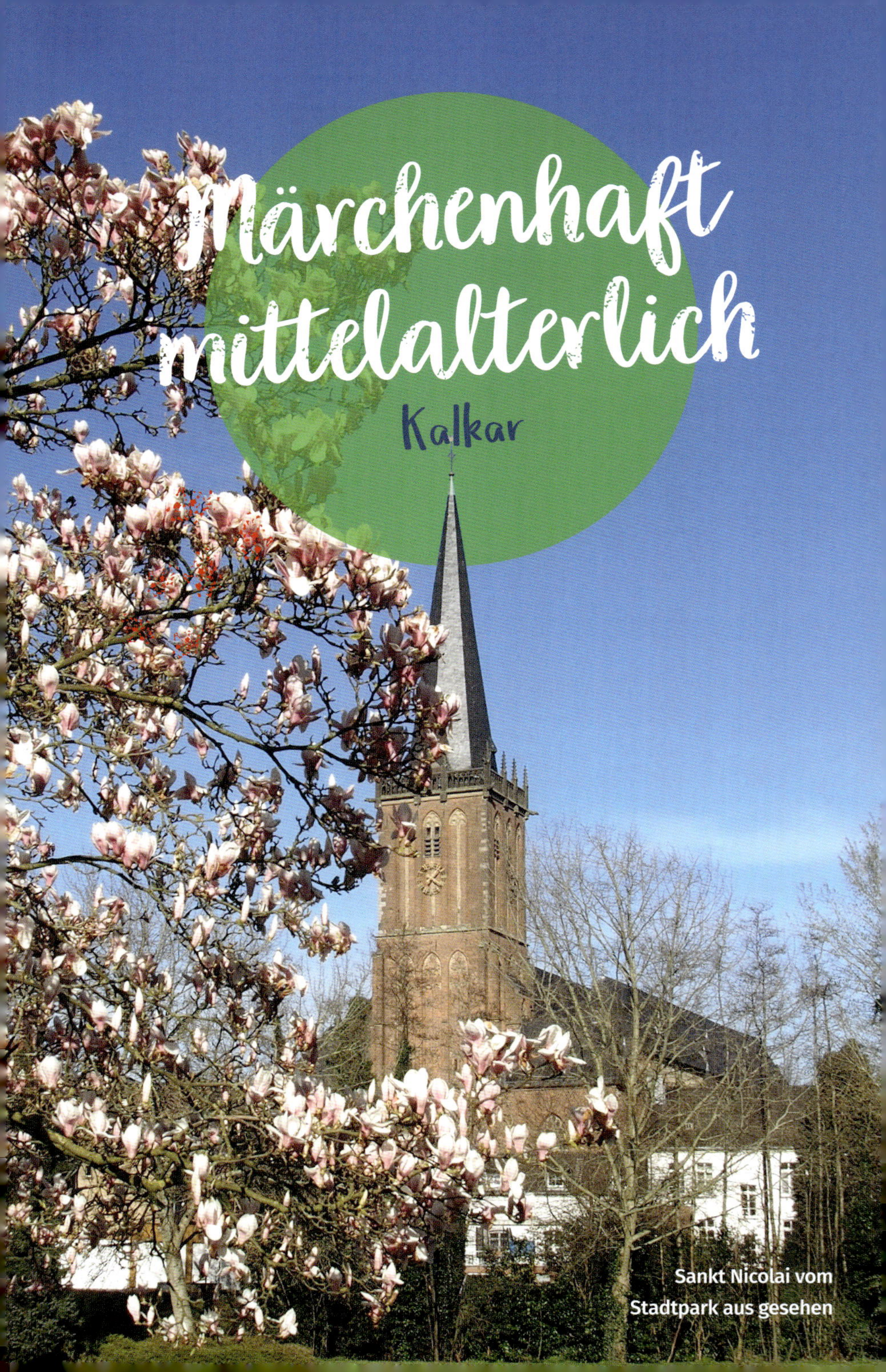

Sankt Nicolai vom Stadtpark aus gesehen

Ausflüge am Niederrhein sind nicht perfekt ohne ein Eis auf dem Kalkarer Marktplatz! Welch „umwerfende“ Wirkung der mittelalterliche Stadtkern hat, erlebt jeder, der mit offenen Augen zur Abendstunde durch die enge Altkalkarer Straße zum Markt fährt. Wenn sich der Raum plötzlich weitet und den Blick freigibt auf das beleuchtete Rathaus und die uralte Gerichtslinde davor, erfahren wir die überwältigende Schönheit, für die wir Einheimische oft so blind sind.

Das Besondere an Kalkar ist, dass der ursprüngliche Stadtkern, der 1230 „auf dem Reißbrett“ entstand und bereits 12 Jahre später Stadtrechte erhielt, trotz Krieg und Zerstörung den mittelalterlichen Charakter behalten hat. Das liegt auch daran, dass es sich um eine ovale „Insel“ handelt, die zu allen Seiten vom Leygraben und Teilen der alten Stadtmauer umschlossen wird, so dass Neubaugebiete sich erst weiter außerhalb ohne direkten Schluss zum Kern entwickeln konnten. So schlägt das Herz der Stadt weiterhin am Marktplatz, der fast ausschließlich von mittelalterlichen Giebelhäusern umstanden ist.

3

Anreise Pkw/Parkplatz:

Parkplatz Im Schwanenhorst (GPS 51° 44‘18.71“N, 6° 17‘22.14“E)
Parkplatz am Hanselaerer Tor (GPS 51° 44‘23.20“N, 6° 17‘49.37“E)

Anreise mit ÖPNV:

Buslinien 44, 45, 46, 47, 48, 97, SL42, X27, X32, BKA1, BKA2, Haltestelle „Kalkar Markt“

www.kalkar.de
www.duenendorf-wissel.de
www.grieth.eu

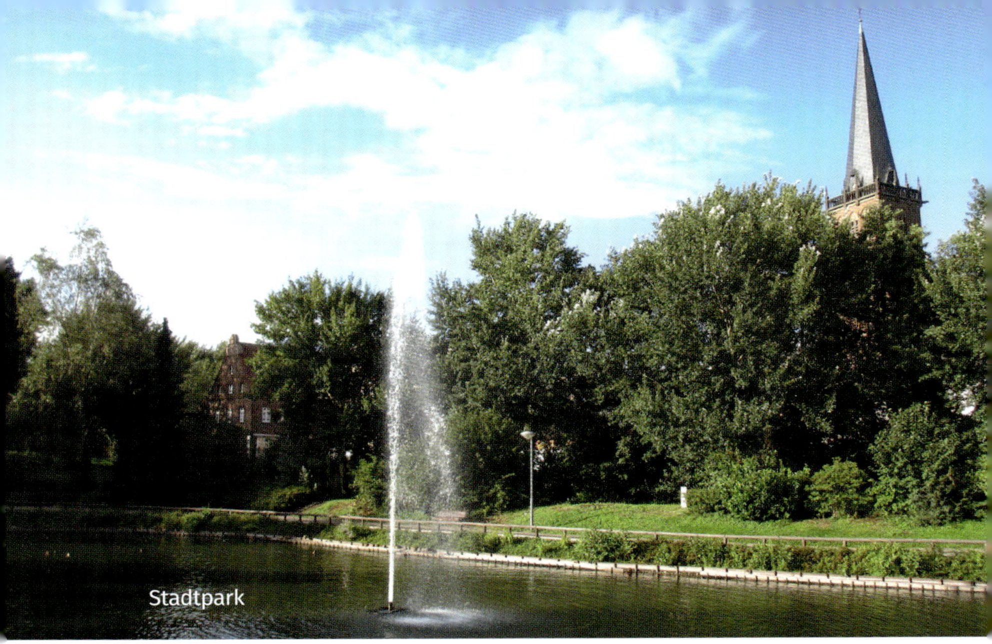

Stadtpark

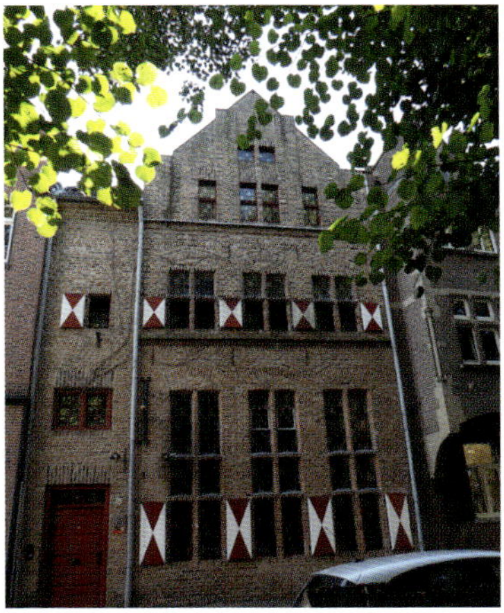

Ulftsches Haus

Das älteste dieser Häuser (Markt 27) wurde bereits 1369 urkundlich belegt. Die Breite der Häuser bestimmte übrigens die Höhe der Steuern und auch den Preis des Hauses, so dass nur reiche Menschen ein Haus mit einer breiten Häuserfront besitzen konnten. Das 1445 fertiggestellte gotische Rathaus gilt als das älteste Rathaus im weiten Umkreis, und das „Ulftsche Haus“ am Kirchplatz stammt aus dem Jahr 1350 und besitzt noch gotische Decken- und Wandmalereien. Äußerst sehenswert sind auch das Städtische Museum (auch von innen, sowohl was die Einrichtung als auch die Ausstellung angeht) und der Beginenhof, die beide aus der Zeit um 1500 stammen. Es ist also nicht schwer, in Kalkar gedanklich auf Zeitreise zu gehen, und dies lässt sich durch die Gastronomie am Markt problemlos „versüßen“ – mit Blick auf das stattliche Rathaus und die Gerichtslinde, die ebenfalls schon fast 500 Jahre alt ist. Hoch über all dem thronen die Kirchen: klein und schmuck die barocke evangelische Kirche an der Kesselstraße, und weithin sichtbar mit stolzem, spitz zulaufendem Kirchturm die atemberaubende dreischiffige gotische Hallenkirche Sankt Nicolai, die 1450 geweiht wurde. Ihre neun Schnitzaltäre stammen aus dem 15. und 16. Jahrhundert. Auf den von Jan Joest geschaffenen Gemälden sind frühere Kalkarer Bürger zu erkennen, die sich gegen üppige Spendenzahlungen – vor der Kulisse der Kalkarer Gebäude – auf den religiösen Malereien wiederfinden. Auch die Kalkarer Mühle beherbergt eine Gastronomie: Die ehemalige Lohwindmühle gilt mit 27 m Höhe (ohne Flügel gemessen) als die höchste Windmühle des Niederrheins. Auch hier kann – wie im historischen Rathaus oder dem nahegelegenen Schloss Moyland – geheiratet werden. Auf der rückwärtigen Seite befindet sich zudem ein Gesundheitsparcours.

Vor den Toren der Stadt

Äußerst reizvoll ist ein Spaziergang an der Ley entlang rund um Kalkar. Südlich der Stadtmauer lockt der Stadtpark mit dem Schwanenteich, an den sich nahtlos der Schwanenhorst mit Wiesen und Weiden und einem weiteren Spielplatz anschließt. Jedes Jahr im Mai findet hier ein mittelalterliches Heerlager statt. Nördlich des Kesseltors befindet sich, umgeben von Resten der Stadtmauer aus dem 14. Jahrhundert, der malerische Taubenturm. Unvorstellbar, dass dieses hübsche Türmchen bis 1446 als Gefängnis diente!

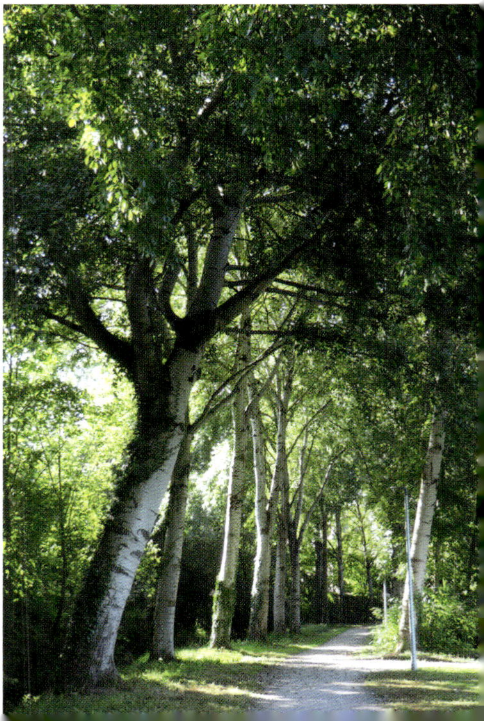

An der Ley

Höher hinaus geht es auf dem Monreberg im Süden der Stadt, der einen Blick über Kalkar bis zu den Rheinbrücken (Emmerich und Rees) und Hochelten bietet. Hier ist kein Wanderwegenetz ausgewiesen – hübsch sind die Strecken trotzdem. Ich empfehle einen „Aufstieg" über den Trompetweg und dann halblinks weiter über einen „Möllenpötje" genannten Pfad, der sich später auffächert, aber immer „nach oben" führt. Kurz vor Erreichen der hoch gelegenen Römerstraße (Alte Bahn) lässt sich dann ein atemberaubender Ausblick

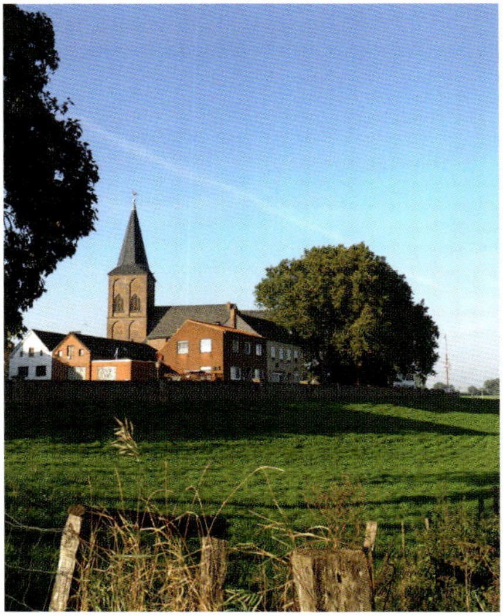

Blick auf Grieth

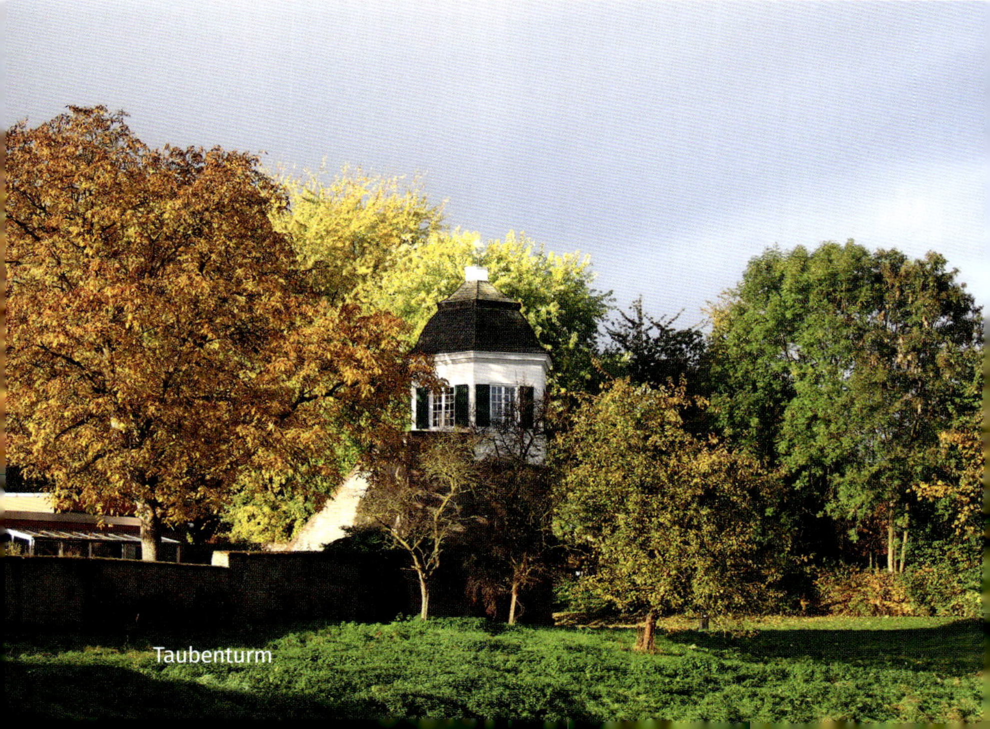

Taubenturm

genießen. Als Rückweg bietet sich der Ginsterweg an. Obwohl es sich um ein Asphaltsträßchen handelt, hat er seinen Hohlweg-Charakter behalten und wird zunächst von Ginster gesäumt und später von alten Bäumen übertunnelt.

Von Fischern und Tabakbauern

Halten wir uns einmal in Kalkar auf, so sollte auch ein Ausflug in das Fischerdörfchen Grieth nicht fehlen – eine weitere Hansestadt! Die schmalen Gassen, das Schifferdenkmal, die lichtdurchflutete Pfarrkirche und der Aufenthalt am Rhein laden geradezu dazu ein, die Seele (und die Beine) baumeln zu lassen. Eindrucksvoll sind dagegen die Hochwassermarkierungen am Deichtor, die nicht nur die Fantasie von Kindern beflügeln! Mit Hilfe der kleinen Rheinfähre

Tipp

Burg Boetzelaer

Für einen Besuch der Burg Boetzelaer findet sich immer ein Anlass. Das Übernachten in historischen Themenzimmern und Suiten ist auf der restaurierten Wasserburg, die auf das 13. Jahrhundert zurückgeht, ebenso möglich wie die Durchführung von Hochzeiten, Feiern, Tagungen und Rittertafeln. Im Sommer werden an Sonn- und Feiertagen auf der Terrasse Kaffee und Kuchen angeboten. Kulturelle und kulinarische Veranstaltungen runden das Programm ab.

www.burgboetzelaer.de

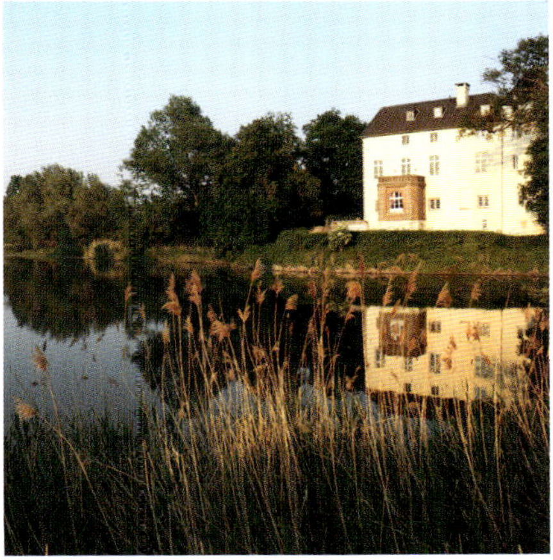

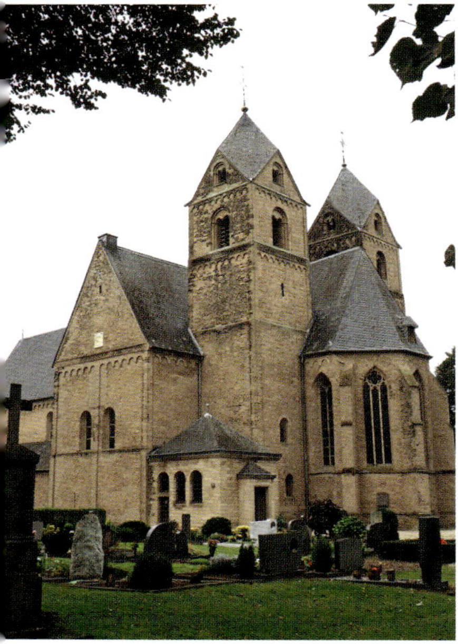

Romanische Kreuzbasilika St. Clemens in Wissel

„Inseltreue", die übrigens im Rahmen der Fernsehshow „Jetzt oder nie" 1992 innerhalb von 36 Stunden „auf die Beine" gestellt wurde, lässt sich der Ausflug auch auf der anderen Rheinseite fortsetzen.

Im Nachbardorf Wissel lohnt sich ein Besuch der romanischen Kreuzbasilika aus dem 12. Jahrhundert sowie ein Ausflug in das Naturschutzgebiet Wisseler Dünen. Auf dem sandigen Boden wurde seit der Einfuhr der Pflanze vor 200 Jahren vor allem im 19. Jahrhundert Tabak angebaut. 18 Hektar Land wurden von über 100 Anbauern dafür genutzt, jährlich bis zu 50 Tonnen Roten Virginia zu produzieren, den auch Napoleon geschätzt haben soll. Der „Wisseler Rico" wurde in Emmerich, der Eifel und in der Pfalz weiterverarbeitet.

Museum

Städtisches Museum Kalkar mit Stadtarchiv

In dem Treppengiebelhaus aus dem Jahr 1500 werden stadtgeschichtliche Informationen vermittelt. Daneben enthält es eine Sammlung von Gemälden Kalkarer Künstler und das Stadtarchiv.

Grabenstraße 66, 47546 Kalkar
(www.kalkar.de,
www.freunde-kalkars.de)

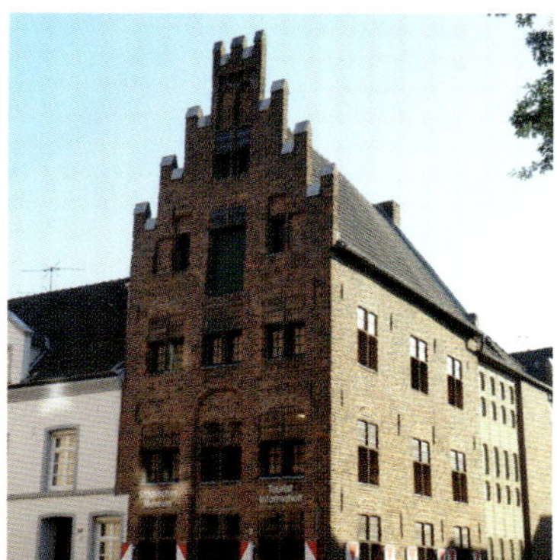

In der Nähe

Ferien- und Campingpark Wisseler See mit Naturbad (www.wisseler-see.de)
Wunderland Kalkar/Kernie's Familienpark (Freizeitpark) (www.wunderlandkalkar.eu)
Freier Golfplatz Mühlenhof (www.muehlenhof.net)
Fähre Grieth (www.niederrheinfaehre.de)

Gastronomie

Eis-Café Venezia, Markt 9, 47546 Kalkar
Ratskeller, Markt 20, 47546 Kalkar (www.ratskeller-kalkar.com)
Brauhaus Kalkarer Mühle, Mühlenstege 8, 47546 Kalkar (www.kalkarer-muehle.de, https://brauhauskalkarermühle.apps-1and1.net)

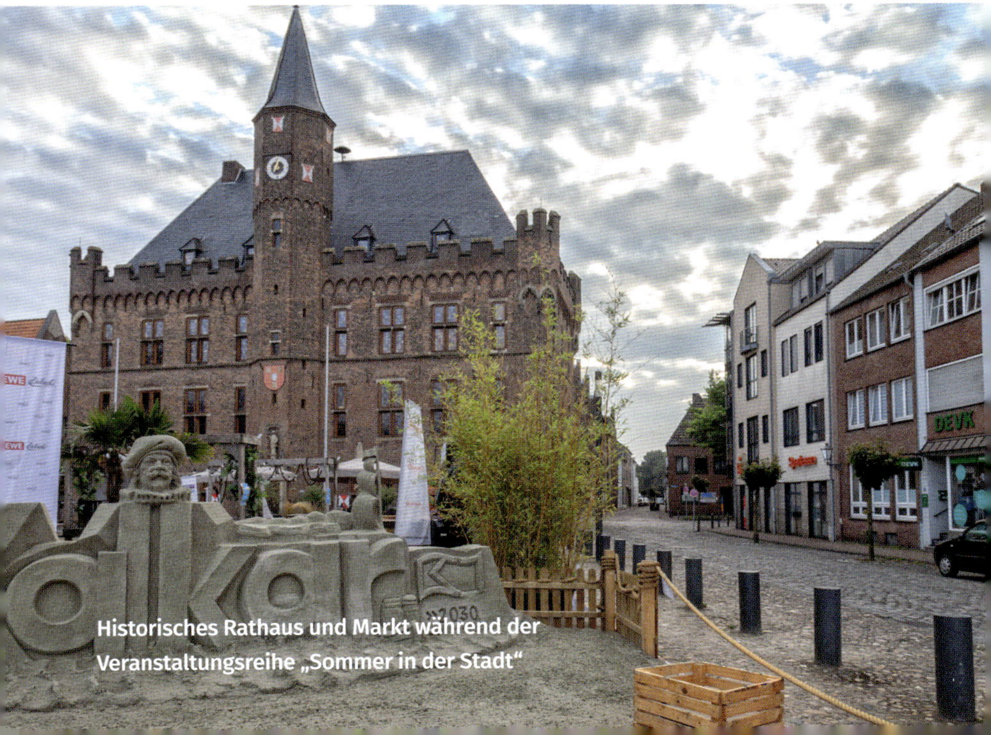

Historisches Rathaus und Markt während der Veranstaltungsreihe „Sommer in der Stadt"

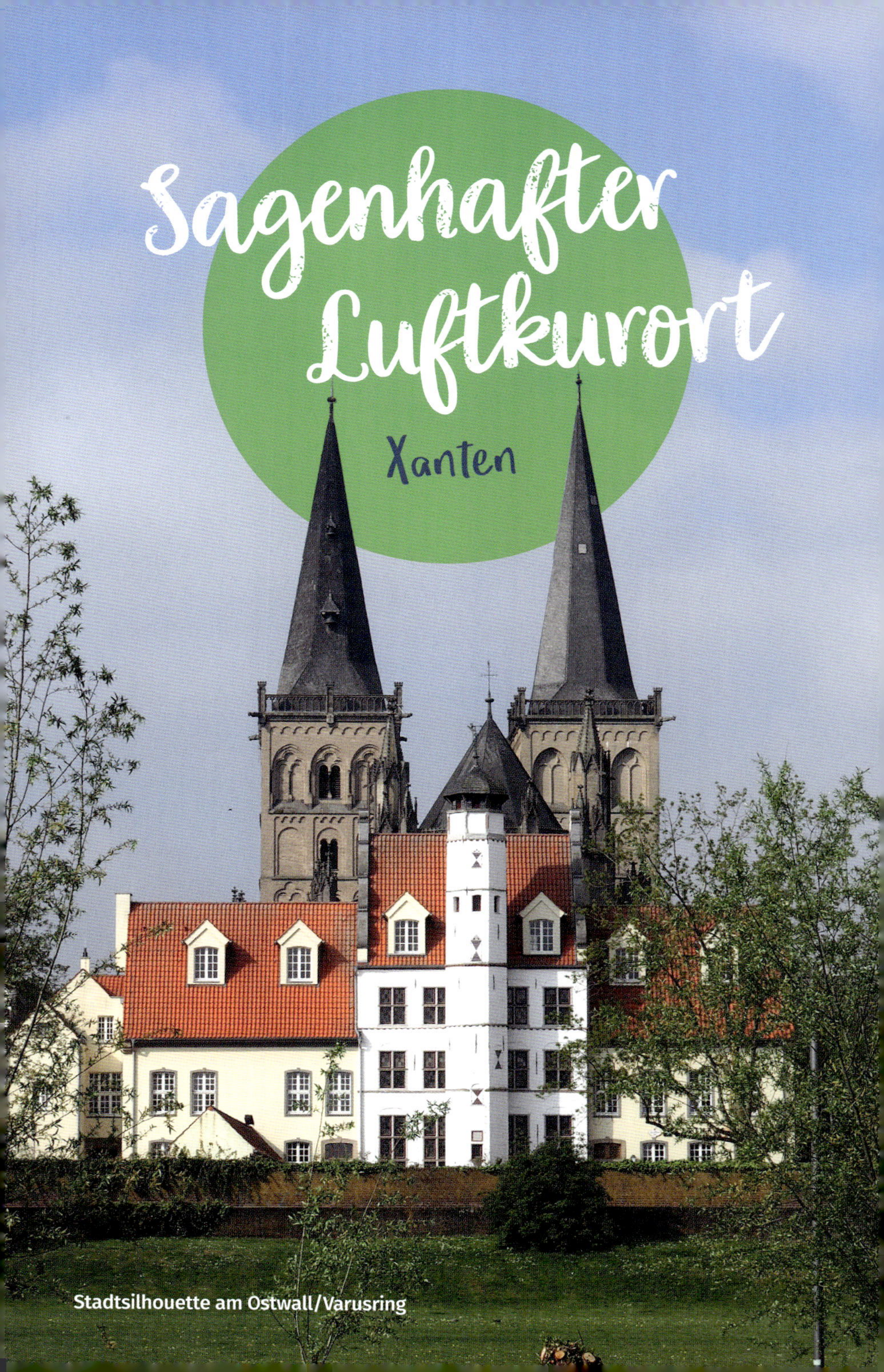

Stadtsilhouette am Ostwall/Varusring

Was eine historische Altstadt angeht, so ist Xanten quasi „die große Schwester" von Kalkar: Touristisch intensiver vermarktet, bekannter und dadurch deutlich belebter, ein gotischer Dom mit zwei Türmen, ein größeres Wassersportzentrum, ein erhaltenes Stadttor und ebenfalls eine Mühle und ein mittelalterliches Fest – zudem noch eine eigene Sage, ein Märtyrer, ein Archäologischer Park und eine Freilichtbühne. All dies ist etwas größer und bekannter als in Kalkar – ihren individuellen Charme haben jedoch beide Städte. Absolutes Alleinstellungsmerkmal ist natürlich, dass Xanten die einzige deutsche Stadt ist, die mit dem Buchstaben X beginnt.

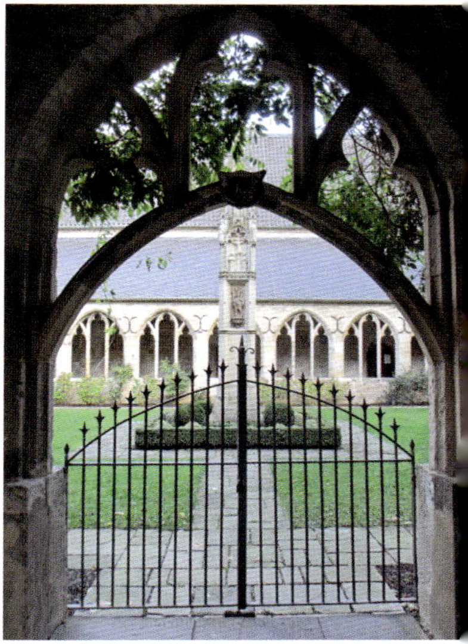

Kreuzgang Stift St. Viktor

4

Anreise Pkw/Parkplatz:

Varusring/Rheinberger Straße (GPS 51°39'53.22"N, 6°27'18.30"E)
Westwall (GPS 51°39'38.06"N, 6°27'7.66"E)
Siegfriedstraße (GPS 51°39'41.10"N, 6°27'0.57"E)
Standort Amphitheater Birten: Römerstraße 30
(GPS 51°38'15.26"N, 6°28'23.60"E)

Anreise mit ÖPNV:

RB31, Buslinien 36, 41, 43, 44, 65, 66, SL40, SL42, X27, X28, BSO, Haltestelle „Xanten Bahnhof"

www.xanten.de
www.kriemhild-muehle.de, www.muehle-xanten.de

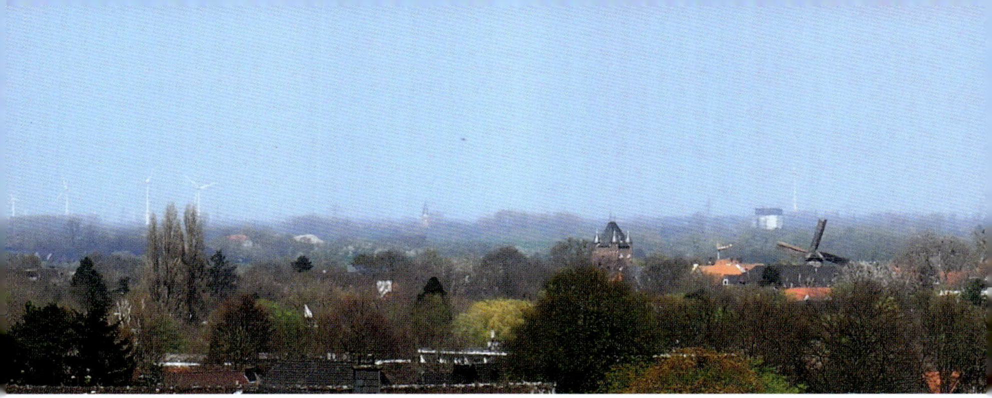

Sie blickt auf eine über 2000-jährige Geschichte zurück, die vor allem im benachbarten Archäologischen Park dokumentiert ist. Doch neben der römischen Stadt Colonia Ulpia Traiana existierte noch das Legionslager Vetera auf dem Fürstenberg im heutigen Birten. Das dortige Amphitheater wird heute noch für Freilichtaufführungen genutzt und ist frei zugänglich. Die Anlage ist ebenso wie der Archäologische Park Teil des Weltkulturerbes Niedergermanischer Limes.

Info

Sankt Viktor und sein Dom

Äußerst spannend ist die Geschichte um Sankt Viktor, einen christlichen Legionär aus dem 4. Jahrhundert, der im Amphitheater Veritas hingerichtet wurde. Er gilt nicht nur in der katholischen, sondern auch in der orthodoxen Kirche als Märtyrer. Ein Schrein mit seinen Gebeinen befindet sich im Hochaltar des Xantener Doms, dessen Schutzpatron er ist. Der Dom und das zugehörige Stift (mit Bibliothek und Museum) wurden ab 1263 möglicherweise über der Grabstätte des Heiligen Viktor erbaut und ersetzten Vorgängerbauten, die hier bereits ab dem 4. Jahrhundert n. Chr. existiert hatten.

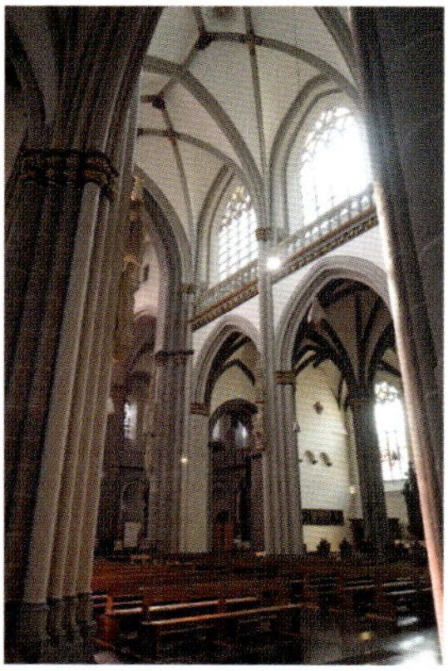

www.sankt-viktor-xanten.de

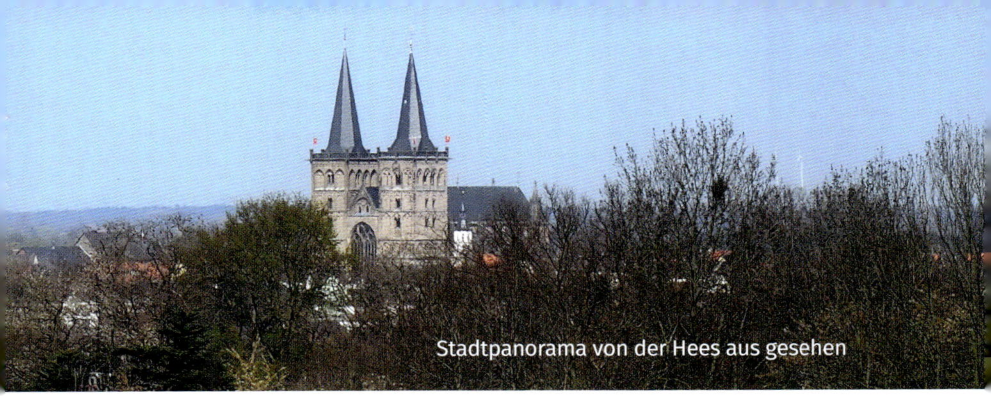

Stadtpanorama von der Hees aus gesehen

Als wäre die bedeutende römische Vergangenheit nicht genug, ist Xanten auch der Heimatort des Sagenhelden Siegfried – eine Tatsache, die hier gebührend gewürdigt wird: Nicht zuletzt mit einem eigenen Museum und dem mittelalterlichen Siegfriedspektakel, das älljährlich ab dem Himmelfahrtstag Schaulustige von Nah und Fern auf die Wallanlagen lockt und einen feuerspeienden Drachen, Reiterkämpfe und noch viel mehr zu bieten hat.

Kurpark und Altstadt

Das Zentrum von Xanten wird an drei Seiten von einem Grüngürtel auf den ehemaligen Wallanlagen eingerahmt. Hier befindet sich auch der neu gestaltete barrierefreie Kurpark mit Kneippanlage, Gradierwerk, Aktivstationen, Spielplätzen, einer Schmetterlingswiese und vielem mehr. Von allen Seiten bietet sich ein malerischer Blick auf den Dom, Teile der alten Stadtmauer, die Kriemhild-Mühle und die Silhouette der Altstadt. Im Nordwesten beeindruckt das Klever Tor aus dem Jahr 1392, das aus zwei

Klever Tor

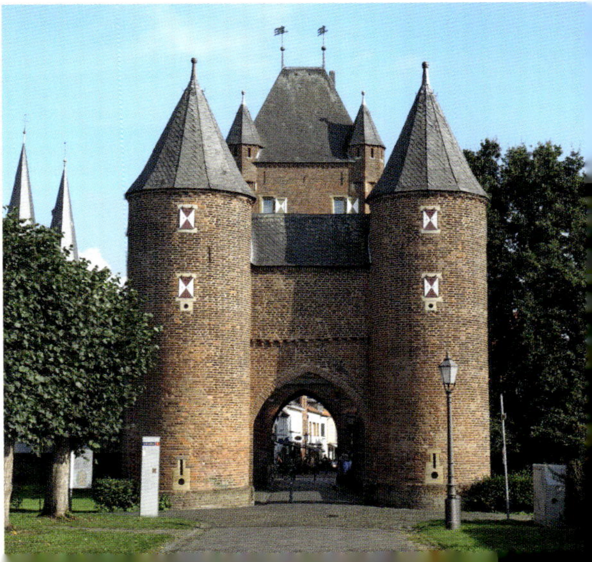

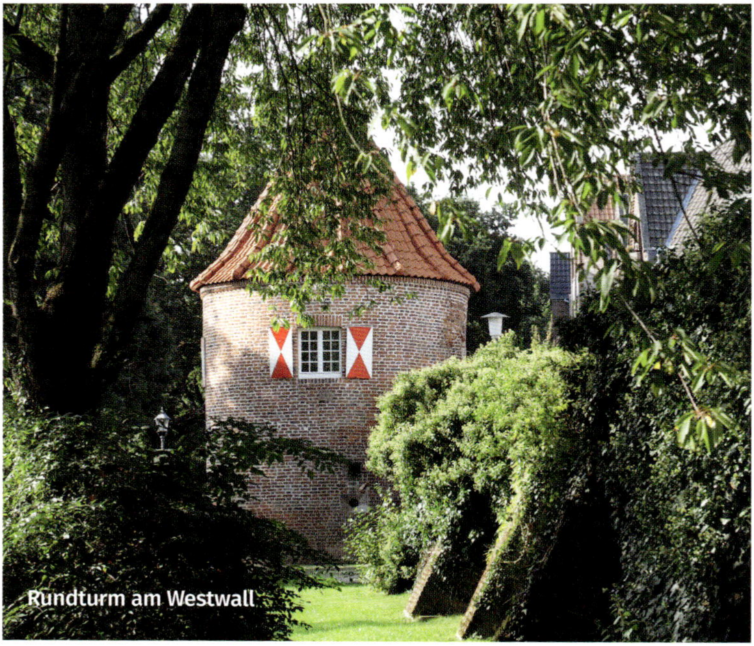
Rundturm am Westwall

Info

Niedergermanischer Limes

2021 wurde der Niedergermanische Limes offiziell als Weltkulturerbe ausgezeichnet. Damit wird die große historische Bedeutung nicht nur des strahlenden Aushängeschilds, des Archäologischen Parks, sondern auch der eher unbeachteten ehemaligen Legionslager sowie der kleineren oder neueren Fundstellen deutlich gemacht. Dem Limes zugeordnete Fundplätze befinden sich sowohl in Alpen, Bedburg-Hau, Moers, Neuss, Kalkar, Kleve, Krefeld, Uedem, Wesel und Xanten.

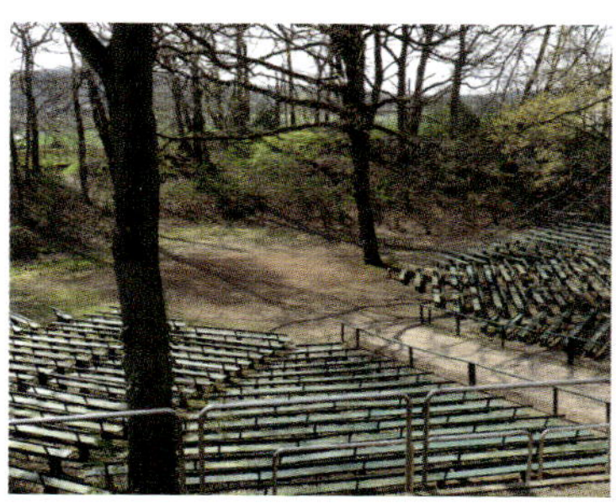

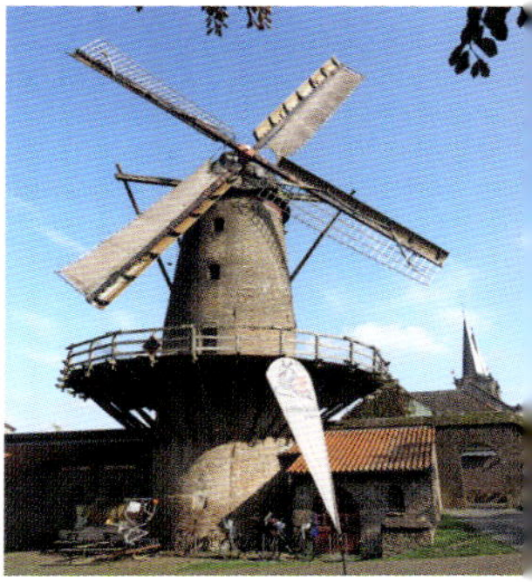

Kriemhild-Mühle

eindrucksvollen Befestigungsbauten besteht, die eine Brücke zwischen der Innenstadt und „der Außenwelt" flankieren. Das innere dieser Tore kann ebenso wie das aus der gleichen Zeit stammende Mitteltor in der Innenstadt als Ferienwohnung gemietet und bewohnt werden. Dieses Mitteltor hat eine äußerst interessante Geschichte, trennte es doch die Stadt während ihrer Teilung bis 1544 in einen kurkölnischen und einen klevischen Bereich. Heute schlägt das Herz der Stadt auf dem Marktplatz, dessen historische Kulisse vom Dom hoch überragt wird. Hier lohnt sich auch ein Blick auf das Gotische Haus (erbaut 1540) und die strahlend weiße barocke evangelische Kirche aus dem Jahr 1648/49, in deren Kellergewölbe bis 1777 alle Gemeindemitglieder beerdigt wurden. Bei einem Gang entlang der historischen Stadtmauer mit mehreren erhaltenen Türmen darf auch ein Besuch der Kriemhild-Mühle nicht fehlen: Sie wurde im 14. Jahrhundert als Wehrturm errichtet und später auch als Wohnung des Nachtwächters, als Gartenhaus und als Ölmühle genutzt. Seit 1992 wird hier wieder Korn gemahlen und gebacken. Die Mühle kann täglich besichtigt werden, und auf den Bänken in den Wallanlagen vor der Mühle kann man Kaffee und Kuchen genießen.

Museum

Siegfriedmuseum

Das Museum beschäftigt sich nicht nur mit dem Nibelungenlied, sondern auch mit der Wirkung des Mythos auf unsere Kultur und dessen Nutzung im Laufe der Jahrhunderte.

Kurfürstenstraße 9, 46509 Xanten (www.siegfriedmuseum-xanten.de)

Weitere Museen:

Stiftsmuseum (www.stiftsmuseum-xanten.de)
Dreigiebelhaus (www.stadtkultur-xanten.de)
Wallfahrtsmuseum Marienbaum (www.sankt-viktor-xanten.de)
kleines privates Geldmuseum (www.geldmuseum-xanten-wardt.de)

Freizeitspaß vor den Toren der Stadt

Vor den Toren der Stadt bietet die Xantener Nord- und Südsee fast grenzenlosen Freizeitspaß. Die großen Seen laden zum Wandern, Erkunden, Umradeln und Befahren ebenso ein wie zum Baden und zu Wassersport aller Art. An ihrem Ufer befinden sich zudem fünf neue Themenstationen mit barrierefreien Angeboten, die auf den fünf Säulen der Gesundheit nach Kneipp basieren. Gleich gegenüber liegt der Archäologische Park.

Tipp

LVR-Archäologischer Park und RömerMuseum

Der Park bietet auf der schier unendlichen Fläche der antiken Stadt kurzweilige Informationen an jeder Ecke, unter anderem durch das Museum, Themenpavillons, Handwerkerhäuser und die Schiffswerft. Die Wege sind ebenso den ursprünglichen Straßen nachempfunden wie die Gebäude den Örtlichkeiten, die hier vor 2000 Jahren zu finden waren. Das LVR-RömerMuseum bietet unter seinem weiten Dach die echten Grundmauern der großen Thermen, des ehemaligen Badehauses, und macht sie über Stege begeh- und erfahrbar. Über mehrere Etagen windet sich ein Rundgang durch das Gebäude, erklärt interaktiv eine Vielzahl historischer Fundstücke und lässt uns römisches Leben virtuell und mit allen Sinnen erleben.

www.apx.lvr.de

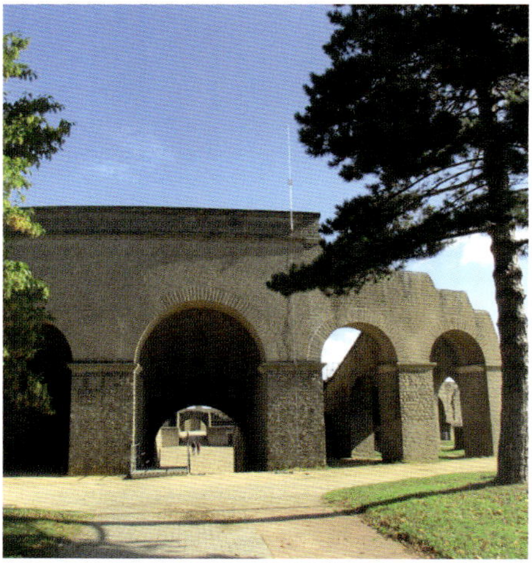

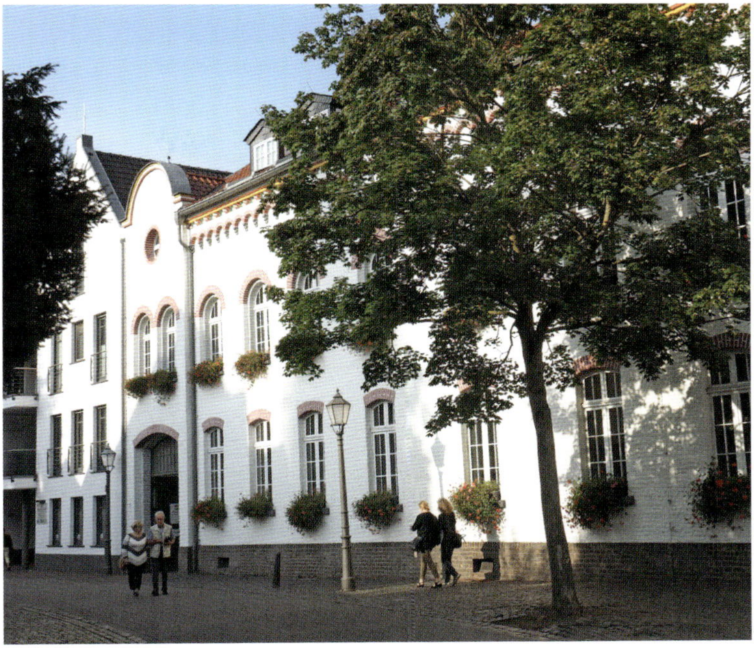

Rathaus im ehemaligen Kartäuserkloster

Gastronomie

Café Glüxpilz, Marsstraße 29, 46509 Xanten (www.cafeglüxpilz.de)
Kloibers Wirtshaus, Karthaus 10, 46509 Xanten (www.kloibers.com)
Plaza del Mar, Salmstraße 30, 46509 Xanten (www.plaza-del-mar.de)

In der Nähe

Naturforum Bislicher Insel (www.naturforum-bislicher-insel.de)
Freizeitzentrum Xanten (www.f-z-x.de)
Fahrgastschiff Seestern (www.seestern-xanten.de)
Adventure-Park/Hochseilgarten (www.adventurepark-xanten.de)
Bauerngolf (www.moerenhof.de)
Ballonfahren (www.wolkentaxi.de)

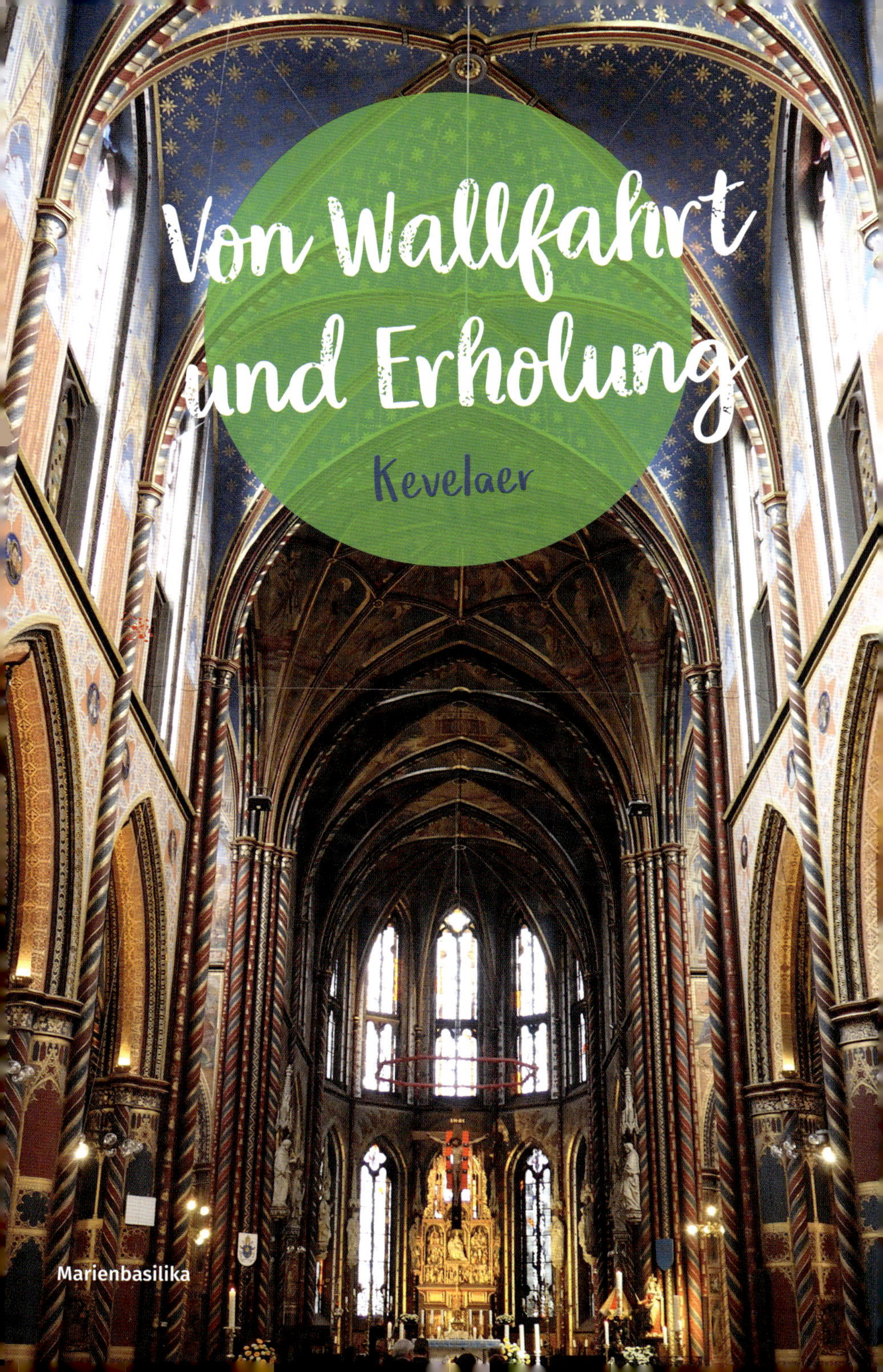
Von Wallfahrt
und Erholung
Kevelaer
Marienbasilika

Es war um die Weihnachtszeit 1641. Der Händler Hendrik Busmann betete vor einem Hagelkreuz, als er eine Stimme vernahm, die dreimal rief: „An dieser Stelle sollst du mir ein Kapellchen bauen!“ Einen Monat vor Pfingsten 1642 wurde seiner Frau Mechel ein Luxemburger Bildchen der Gottesmutter Maria „Consolatrix Afflictorum“ angeboten, das sie wegen des zu hohen Preises ablehnte. Zwei Nächte später erschien ihr ein großes glänzendes Licht, und sie sah ein Heiligenhäuschen mit diesem Bildnis vor sich. Nach diesem Traum machte sie das Bild in Kempen ausfindig, kaufte es und bewahrte es in Geldern auf. Hendrik Busmann erbaute einen Bildstock, und der damalige Ortspfarrer stellte am 1. Juni 1642 das Bildchen in das kleine Gebäude. Die Menschen strömten in Scharen herbei, und bereits fünf Jahre danach erhielt Kevelaer die Approbation zum Wallfahrtsort. In der Busmannstraße erinnert eine Statue an Hendrik Busmann. 1643–1645 wurde die erste Wallfahrtskirche erbaut, die heutige Kerzenkapelle am Kapellenplatz.

5

Anreise Pkw/Parkplatz:

Parkplatz Altes Rathaus: Busmannstraße 64
(GPS 51° 34‘52.10“N, 6° 14‘43.19“E)
Solegarten: Hüls 21 (GPS 51° 34‘38.65“N, 6° 14‘16.54“E)

Anreise mit ÖPNV:

Buslinie 73, Haltestelle „Altes Rathaus“
Buslinie 73, Haltestelle „Solegarten St. Jakob – Kevelaer“

www.kevelaer.de
www.kevelaer-marketing.de

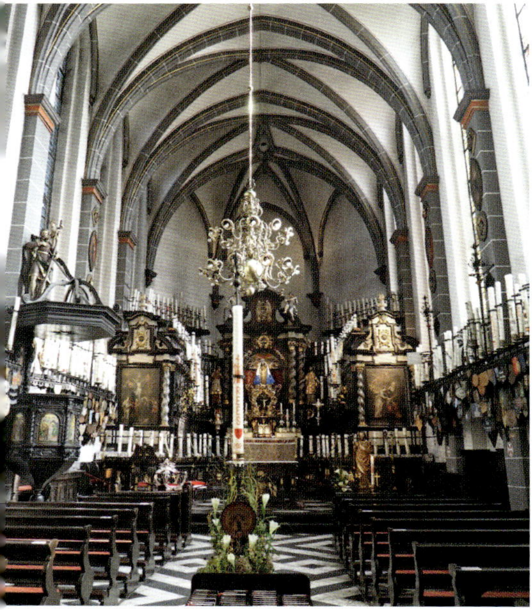

Kerzenkapelle

Wer in Kevelaer (gesprochen „Kevelaar“ mit typisch niederrheinischem Dehnungs-e) nicht auf religiöse Gedanken kommt, ist selbst schuld. Neben Prunk und Wallfahrtstrubel öffnen Gelegenheiten zur Stille, Kerzen und schöne Architektur das Tor zu Andacht und Achtsamkeit.

In unmittelbarer Nachbarschaft zur immer noch existierenden Kerzenkapelle befindet sich die Gnadenkapelle, ein sechseckiger Kuppelbau, in dem das Marienbild heute durch ein Fenster gut sichtbar ausgestellt wird – das Ziel aller Pilger. Vor ihr versammeln sich Menschen im Freien zum Beten. Der ganze Platz wird bestimmt von Wallfahrern, Kerzen und Andacht – und von der 1858 bis 1864 erbauten Marienbasilika (Basilica minor). Ihr 90 m hoher Turm ist weithin sichtbar, und der Anblick der prachtvollen Innenausstattung, besonders der Ausmalungen von Friedrich

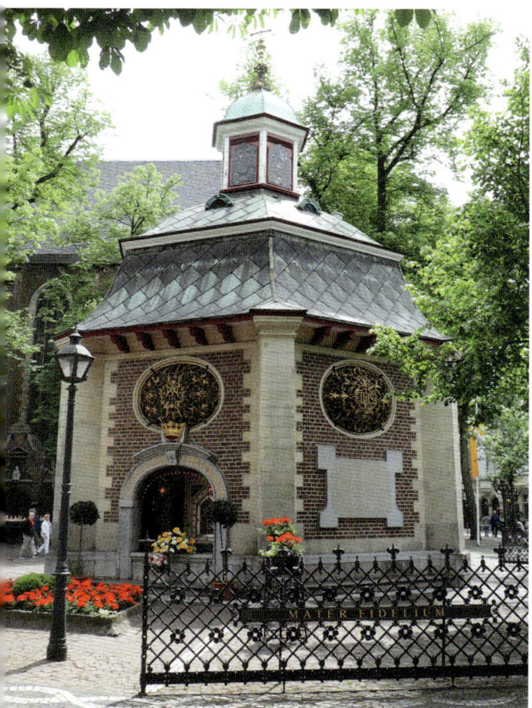

Gnadenkapelle am Kapellenplatz

Tipp

Hostienbäckerei

In der Gläsernen Hostienbäckerei St. Johannes werden katechetische Führungen angeboten, bei denen der Fertigungsprozess von Hostien anschaulich erklärt wird. Zudem können verschiedene Artikel im hauseigenen Laden erworben werden.
www.hostie.de

Stummel, ist atemberaubend. Auf einer Bank weit vorne erfährt der Besucher, dass er dort sitzt, wo einst Mutter Theresa Andacht hielt. Auf der dem Kapellenplatz abgewandten Seite der Basilika befinden sich der Brunnenhof, die Beichtkapelle und die Sakramentskapelle. Ein 1 km langer Kreuzweg beginnt gegenüber dem Klarissenkloster an der Twistedener Straße und endet im Marienpark vor dem Bild der Schutzmantelmadonna.

Als die Wallfahrt begann, geschah dies nicht ohne Komplikationen. Das Gelände, auf dem die Kerzenkapelle errichtet wurde, gehörte zu den Besitztümern von Schloss Wissen. Die dort ansässige Familie von Loë stiftete der Kirche ein sechs Morgen großes Areal und besitzt im Gegenzug bis heute das Recht, in der Wallfahrtskirche bestattet zu werden. Heute gilt Kevelaer laut Brockhaus als größter Wallfahrtsort Nordwesteuropas.

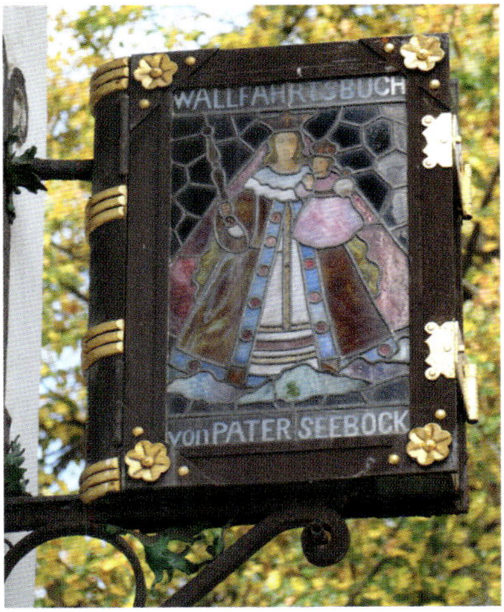

„Wallfahrtsbuch" vor einer Buchhandlung an der Hauptstraße/ Ecke Kapellenplatz

Museum

Niederrheinisches Museum

für Volkskunde und Kulturgeschichte e.V.

mit Spielzeugausstellung „Juliane Metzger"

Liebevoll bis ins Detail vermittelt die Ausstellung Historie zum Anfassen zu den verschiedensten Themen: beispielsweise im Tante-Emma-Laden, der alten Zahnarztpraxis oder beim Betrachten alter Puppenhäuser und Krippen. Das breit gefächerte Portfolio des Museums umfasst historische Alltagsthemen wie „Altes Wohnen und Arbeiten", bürgerliches und bäuerliches Wohnen, die Geschichte der Region, das Schützenwesen, Feuerwehrgeräte, Volksfrömmigkeit und Mineralien. Themenschwerpunkte sind Spielzeug und die Wallfahrt.

Hauptstraße 18, 47623 Kevelaer

www.niederrheinisches-museum-kevelaer.de

Gemütlicher Stadtbummel

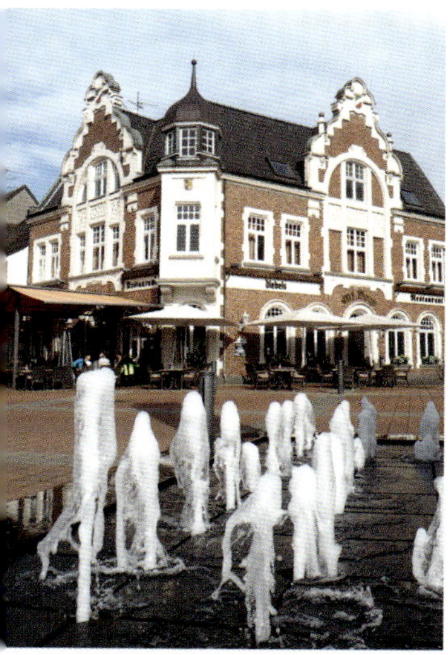

Haus Stassen

Mehr als 200 Häuser in Kevelaer stehen unter Denkmalschutz, darunter auch das Alte Rathaus am Peter-Plümpe-Platz und Haus Stassen an der Ecke Hauptstraße/Bahnstraße. Rund um den Kapellenplatz sowie in der Busmannstraße und der Hauptstraße folgt ein sehenswertes Haus dem anderen. Geschäfte und Cafés verbreiten eine einladende Atmosphäre. Ein Highlight, besonders nachts, wenn er farbig illuminiert in Szene gesetzt wird, ist der Jugendstil-Wasserturm an der Kroatenstraße aus dem Jahr 1905. Der 54 m hohe Turm fasste 450 Liter Wasser und versorgte auf diese Weise ganz Kevelaer. Heute dient er als Sitz der Stadtwerke. Eine Webcam liefert aktuelle Bilder von dem spektakulären Ausblick über die Stadt.

Staatlich anerkannter Erholungsort

Seinem Status als staatlich anerkannter Erholungsort wird Kevelaer durch seinen 2019 eröffneten Solegarten mehr als gerecht. In einer großzügig angelegten Parkanlage mit etlichen Ruhemöglichkeiten finden wir ein Inhalatorium, Kneipp-Stationen, einen Barfußpfad, einen Bibelgarten und einen Atemweg mit 12 Stationen. Im Herzen des Ganzen thront das muschelförmige Gradierwerk. In diesem kühlen Umfeld gelangt das solehaltige Wasser aus der einzigen am Niederrhein erschlossenen Solequelle über Schwarzdornzweige als wohltuende gesundheitsfördernde Aerosole in unsere Lungen.

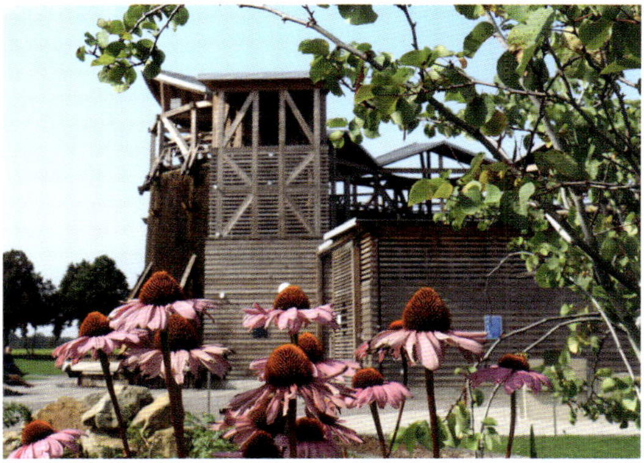

Solegarten St. Jakob

Gastronomie

Alt Derp – Genussmanufaktur anno 1646 (Haus Stassen), Hauptstraße 63, 47623 Kevelaer (www.alt-derp.de)
Café Lindenbaum, Hauptstraße 8, 47623 Kevelaer

In der Nähe

Irrland – die Bauernhof-Erlebnisoase (www.irrland.de)
Biolandbetrieb Rouenhof mit Hofladen und „Geitengolf" (www.rouenhof.de)

Herrlich historisch

Wachtendonk

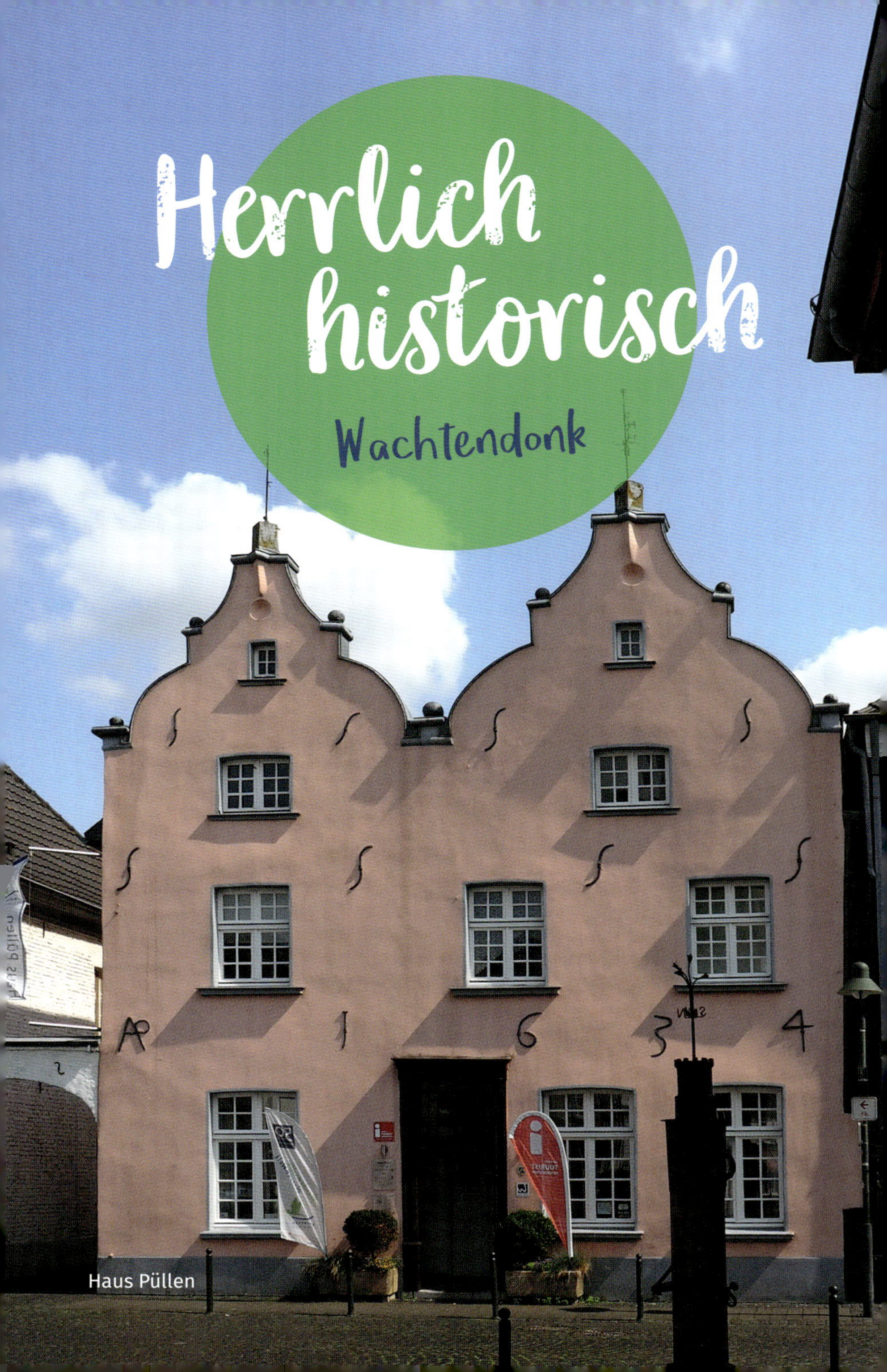

Haus Püllen

Schon die Menschen in der Steinzeit und die Römer fanden es hier schön! Die 8400-Seelen-Gemeinde mit der Niers im Herzen und den unendlich scheinenden historischen Häuserreihen bietet auch heute Ausflüglern eine Aufenthaltsqualität, die ihresgleichen sucht. Die schmalen Straßen und Gassen des verkehrsberuhigten, vollständig unter Denkmalschutz stehenden Ortskerns laden zum Schlendern ein, und die Gastronomie bietet von Straßenterrassen bis in Hinterhöfe hinein eine bunte Vielfalt von Möglichkeiten. Strahlendes Aushängeschild ist Haus Püllen aus dem Jahr 1634, eines der Häuser, die den Ortsbrand von 1708 „überlebten". Hier befindet sich heute sowohl die Touristeninformation als auch eine Ausstellung zum Naturpark Schwalm-Nette mit Bauerngarten. Doch damit ist noch lange nicht Schluss!

6

Anreise Pkw/Parkplatz:

Parkplatz Bruchtor: Achter de Stadt 38
(GPS 51°24'23.13"N, 6°19'54.32"E)
Parkplatz an der ehemaligen Seidenweberei: Mühlenstraße
(GPS 51°24'18.67"N, 6°20'12.80"E)

Anreise mit ÖPNV:

Buslinien 34, 063, SB42, „Wachtendonk Friedensplatz"
Buslinie 063, SB42, Haltestelle „Wachtendonk Jungfernsteg"

www.wachtendonk.de

Durch Straßen und Gassen

Verweilen und Umschauen ist hier praktisch Pflicht! Haus Püllen gleich gegenüber befindet sich mit dem 1841 erbauten Rathaus mit Türmchen, dem malerischen Brunnen und den umstehenden Fachwerkhäusern reichlich Architektur, die das Herz höherschlagen lässt. Folgt man den winkeligen Gassen und Straßen, deren Verlauf seit mindestens 1560 unverändert ist, so bekommen wir etwa 120 denkmalgeschützte Gebäude in allen Farben und Formen zu sehen. Viele Häuser wurden unmittelbar nach dem Stadtbrand errichtet.

Im Norden des historischen Ortskerns bestimmen die Pfarrkirche St. Michael und mehrere zum ehemaligen Kloster gehörende Bauten das Bild. Die dreischiffige gotische Pfarrkirche aus Backstein geht auf das Jahr 1381 zurück und. Überaus reizvoll wirken das Alte Kloster „Thal Josaphat", das gegenüberliegende Pfarrhaus und das ehemalige St. Ferdinand-Hospital. Eindrucksvoll sind auch die Spuren, die die Zeit an der sogenannten „Alten Klosterpforte"

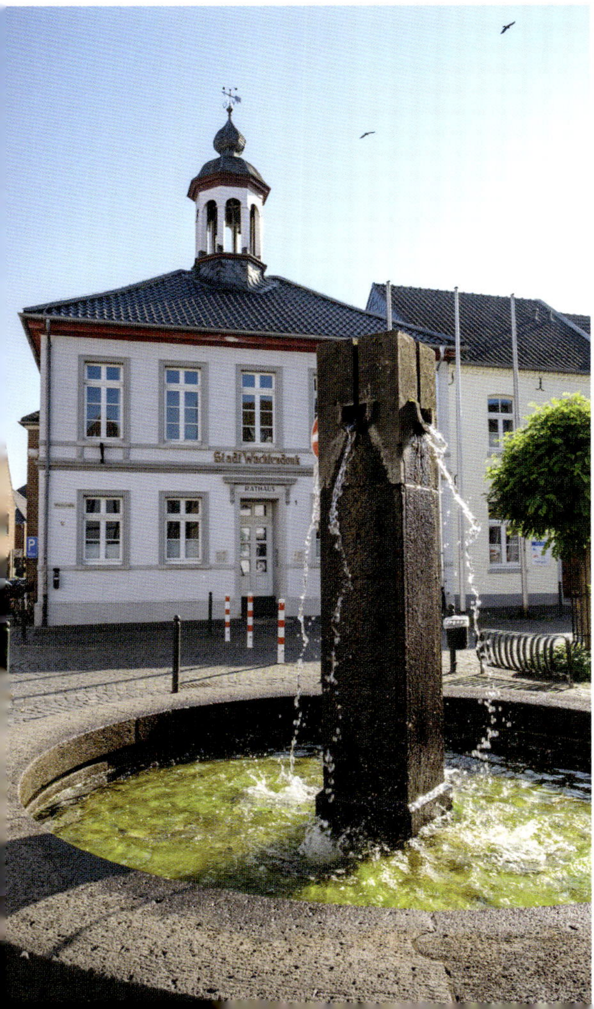

Brunnen im Ortskern vor dem Rathaus

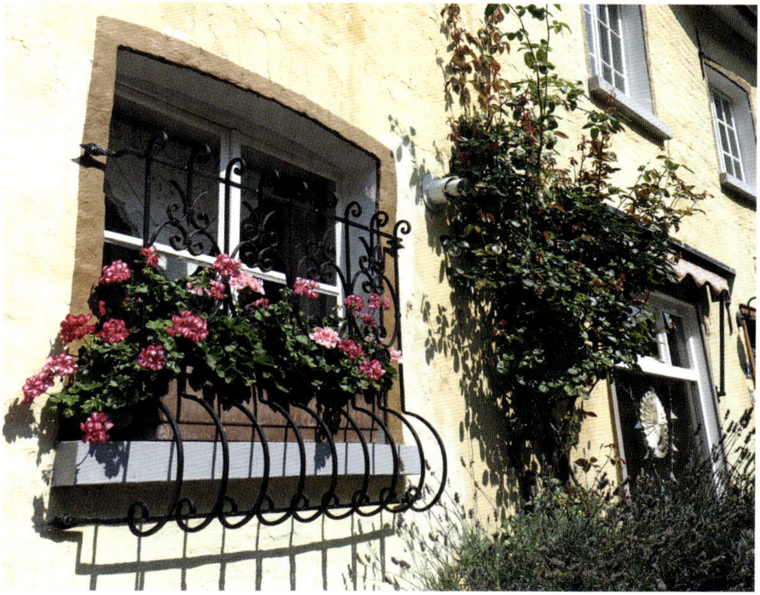

Alte Klosterpforte

an der Kirchstraße hinterlassen hat. Das Haus stammt aus dem Jahr 1430. Die dort beheimateten Franziskanerinnen wurden 1802 durch Napoleon aus Wachtendonk vertrieben.
Im Süden des Stadtkerns locken drei weitere Höhepunkte: der ehemalige Pulverturm, 1605/06 über den Überresten eines Stadtturms errichtet, in dem sich heute ein italienisches Restaurant mit malerischem Biergarten befindet, das repräsentative Herrenhaus der ehemaligen Seidenweberei und die alte Burgruine.

Tipp

Der Rundgang „Geschichte zum Anfassen" führt an 18 interessanten Bauten vorbei systematisch durch die Innenstadt. Passend nummerierte Infotafeln geben Erläuterungen zur Geschichte und Architektur. Download: https://www.wachtendonk.de/tourismus-freizeit/service/infomaterial/

Die alte Festung an der Niers

Malerisch zwischen Bäumen am Ufer der Niers gelegen, lassen die befestigten Grundmauer- und Turmreste der ehemaligen Burg Wachtendonk automatisch die Herzen ihrer Betrachter höherschlagen. Dabei bilden der Stumpf des Bergfrieds an der Südwestseite und der südöstlich anschließende Wohnbau sowie eine Ringmauer im Norden (vermutlich mit Wehrgang) den ältesten Teil. Bereits

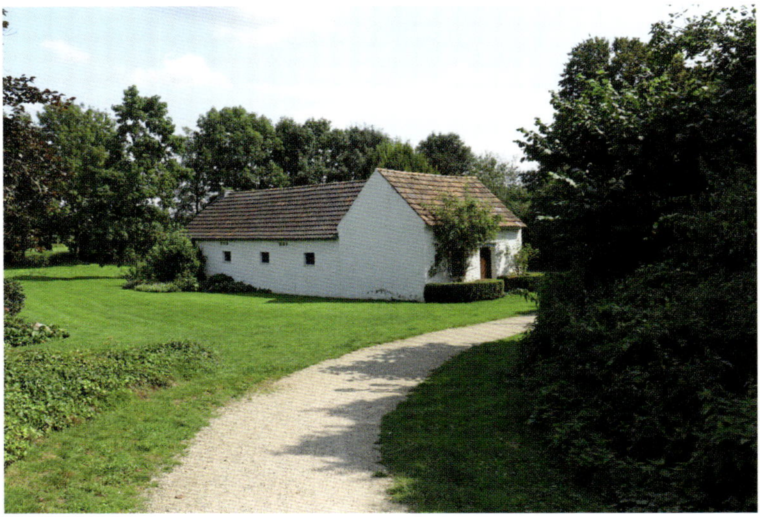

Weg an der Niers entlang zur Burgruine

Tipp

Niersfähre Aiwa („Anlage im Wasser")

Etwa 700 m nördlich des historischen Ortskerns, kurz vor der Nettemündung und durch den Nierswanderweg oder Wanderweg 12 fußläufig gut zu erreichen, lädt die Gierseilfähre Ausflügler dazu ein, sich mit eigener Muskelkraft über den Fluss zu „kurbeln".
(GPS 51°22'24.94"N, 6°16'55.40"E)

1196 wird Arnold von Wachtendonk als erster seines Geschlechts genannt. Um 1252/57 existierte bereits eine befestigte Siedlung mit Holzbauten im Bereich der Bruch- und Feldstraße. Die Niederungsburg selbst wurde 1326 erstmals erwähnt. Ihre enorme Bedeutung als militärisch wichtigster Ort im Geldrischen Oberquartier lässt sich nur noch erahnen. 1379 existierten auf der Burg ein Brauhaus, ein Bierkeller, eine Küche und ein Backhaus. Nach etlichen Aus- und Anbauten wurde sie nach einer Belagerung und dreimonatigem Beschuss durch die Spanier 1588 weitgehend zerstört und 1603 abgebrochen. Heute erscheint sie uns als überaus friedlicher Ort, der dazu einlädt, unsere Fantasie auf Zeitreise zu schicken.
Während westlich der Burg eine mietbare Grillhütte mit Picknickplatz zu einer Pause einlädt, führt im Osten die Brücke des ehemaligen Kleinbahndamms über die gemächlich fließende Niers und lädt zum Weiterwandern über den Schoelkensdyck oder an der Niers entlang ein.

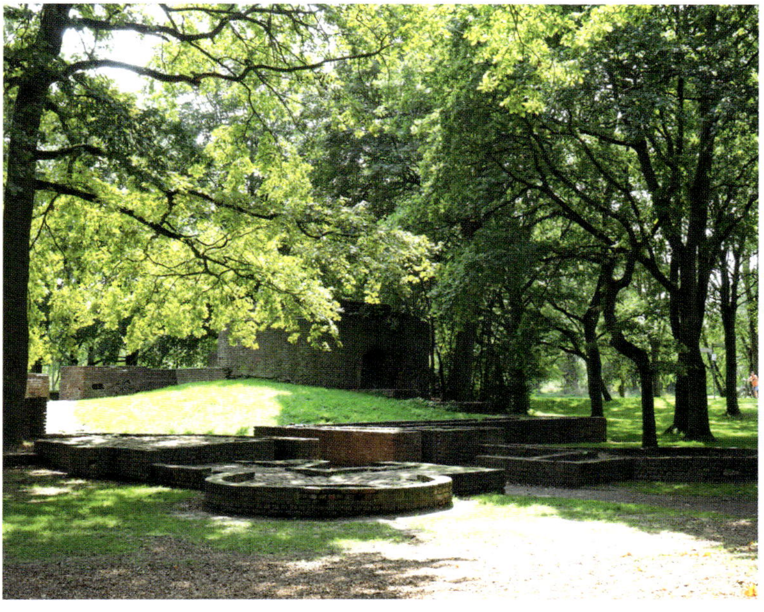

Burgruine Wachtendonk

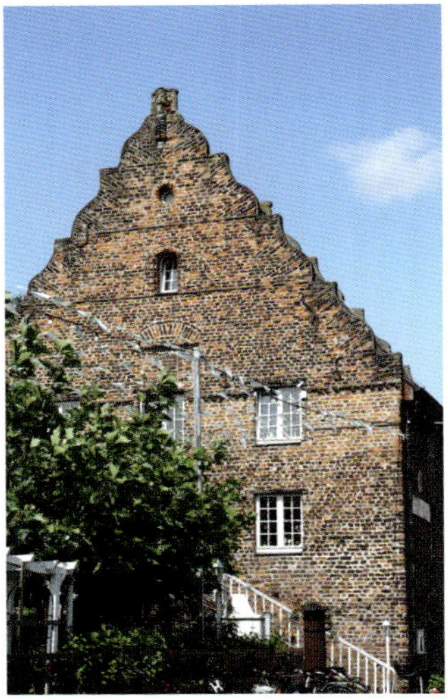

Pulverturm

Gastronomie

Restaurant Pulverturm,
Am Pulverturm 12,
47669 Wachtendonk
(www.restaurant-pulverturm.de)
Vinothek Zum Schwan,
Bruchstraße 1, 47669 Wachtendonk
(www.zum-schwan-wachtendonk.de)
Altdeutsche Gaststätte Büskens,
Weinstraße 24,
47669 Wachtendonk
(www.tttw-bueskens.de)

Museum

Naturparkzentrum Haus Püllen

Das Naturparkzentrum im historischen Haus Püllen, in dem sich auch die Touristeninformation befindet, vermittelt Wissenswertes zur Entstehung der Region und des Naturparks seit der vorletzten Eiszeit. Hinter dem Haus lockt ein Bauerngarten.
Feldstraße 35,
47669 Wachtendonk
(www.npsn.de)

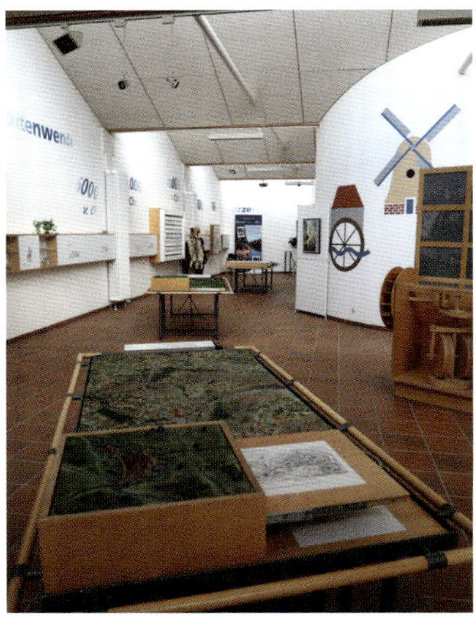

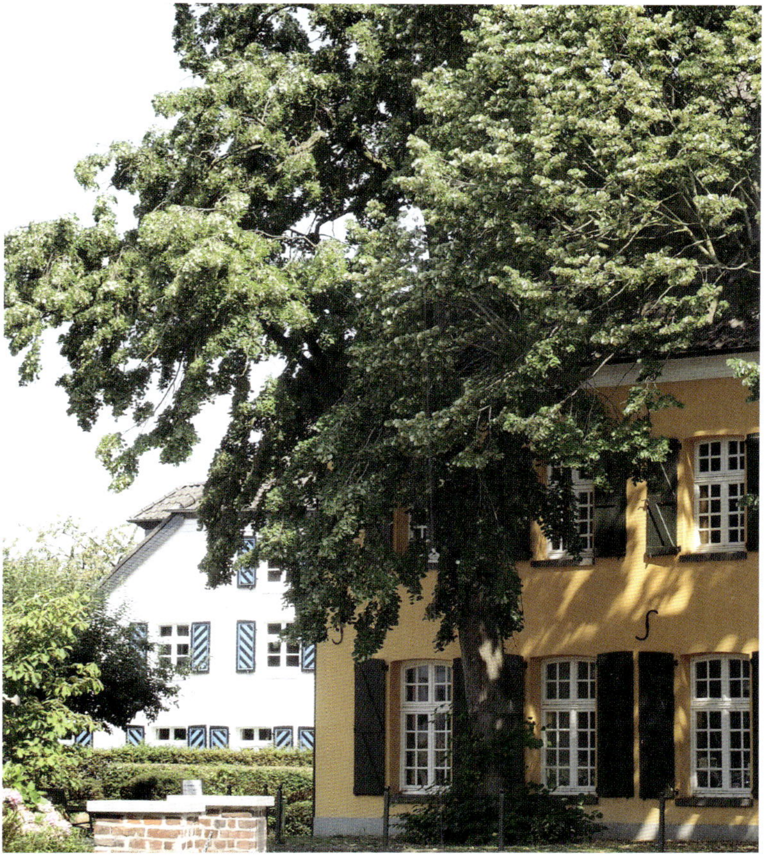

Altes Kloster

In der Nähe

Freizeitanlage Wankumer Heidesee/Blaue Lagune (www.blauelagune.de)
Maislabyrinth und Bootsverleih Holleshof (www.holleshof.de)
Naturpark Schwalm-Nette (www.npsn.de)
Heronger Buschberge und Wankumer Heide mit Teufelsstein

Historische Thomasstadt

Kempen

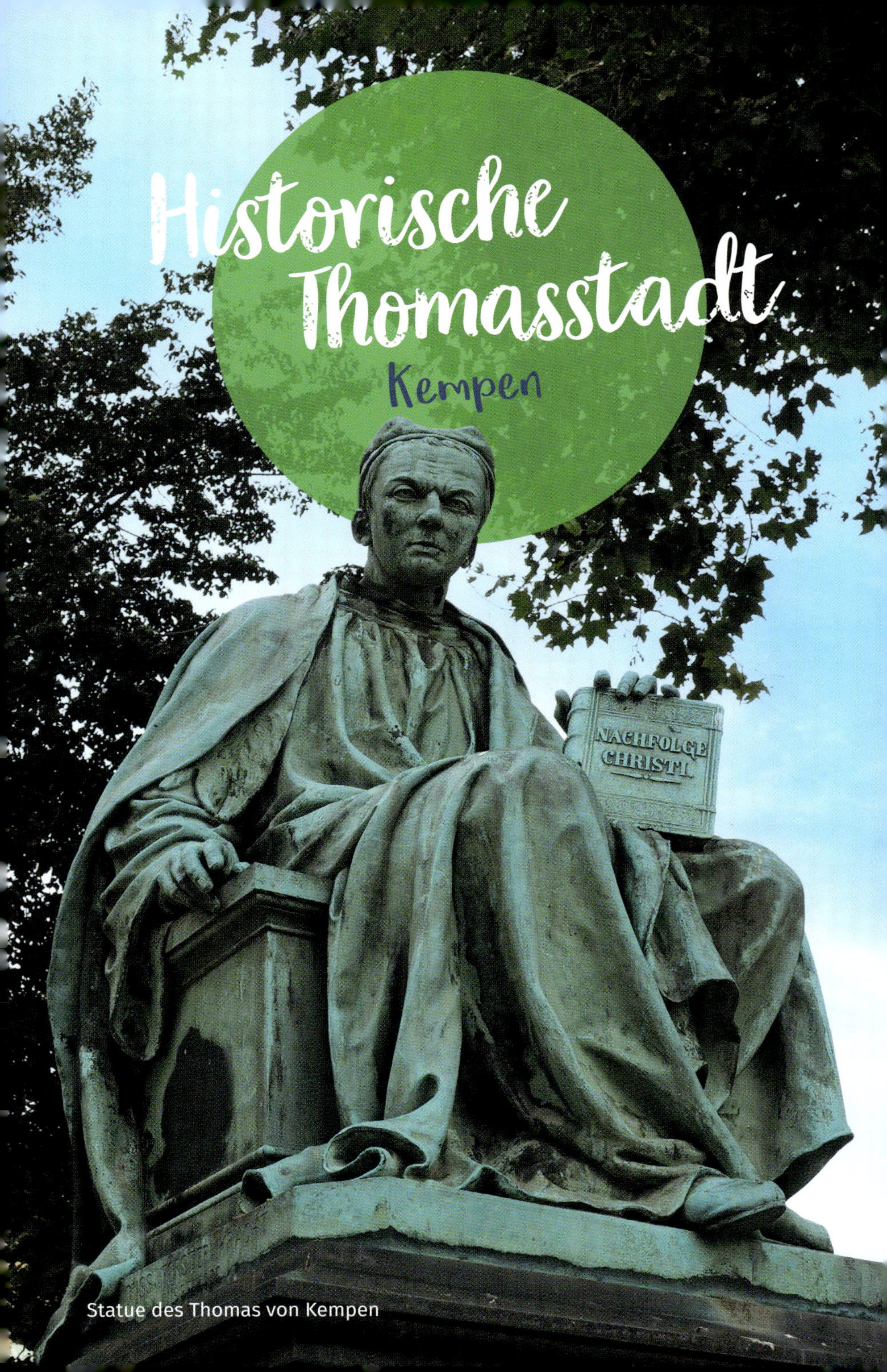

Statue des Thomas von Kempen

Es gibt Orte und Straßenzüge, die eine umwerfende Wirkung auf uns ausüben. Einer davon ist Kempen, speziell die Alte Schulstraße. Dieser Ort ist so historisch, dass man dort ohne weiteres aus dem Stand ein Historienepos drehen könnte – man müsste lediglich den akkurat sauberen Straßenbelag den früheren Zeiten entsprechend etwas stärker verschmutzen.

Kempen ist ein Ort, der uns anhalten lässt. Wir brauchen die Zeit, um alles anzuschauen und in Ruhe zu staunen. Es gibt so viel zu sehen und so viel zu fühlen. Dabei sind wir nicht alleine. An einem sonnigen Sommersonntag ist die Innenstadt mehr als belebt. Doch dem Charme der Altstadt tut das keinen Abbruch.
Als sei das nicht genug: Seit über 130 Jahren findet am 10. November in Kempen ein Martinszug statt, der als einer der größten Deutschlands gilt. Ein Martinsfeuer auf dem Marktplatz und ein Großfeuerwerk an der Burg Kempen zaubern Glanz und Lichter nicht nur in Kinderaugen. Und in der Heiligen Nacht klingen bereits seit 1958 beim traditionellen „Turmblasen" weihnachtliche Lieder vom 30 m hohen Burgturm – Posaunenklänge, die an jene Nacht vor über 2000 Jahren erinnern, an Jesu Geburt.

7

Anreise Pkw/Parkplatz:
Parkplatz an der Burg: Thomasstraße 20
(GPS 51°21'58.83"N, 6°25'17.59"E)
Parkplatz am Burgring: gegenüber Burgring 7
(GPS 51°21'59.34"N, 6°25'4.67"E)

Anreise mit ÖPNV:
Buslinien 063, 066, 069, 078, Haltestelle Kempen Kuhtor

www.kempen.de

Historischer Rundgang

Als klassisches Beispiel für einen „mittelalterlichen Rundling“ ist die Altstadt buchstäblich prädestiniert für einen Rundweg! Auf geschickte Weise wird der Besucher – ausgehend vom Kuhtor – über eine verwinkelte 4 km lange Wegführung so durch die Innenstadt geführt, dass er sämtliche Sehenswürdigkeiten in Ruhe entdecken kann. Hier reiht sich ein Baudenkmal an das andere. 27 besonders interessante Gebäude wurden mit erläuternden Schildern versehen. Vor etlichen Häusern laden Bänke zum Verweilen ein. Alles wirkt aufgeräumt, einladend und vor allem alt! Nachdem uns bereits der atemberaubende Torturm des Kuhtors – einst Grenze zwischen dem Herzogtum Geldern und der kurkölnischen Stadt Kempen – in seinen Bann gezogen hat, tauchen wir ein in eine Ortschaft, die uns auf Zeitreise schickt und an längst vergangene Tage erinnert. Zentraler Punkt ist dabei die Propsteikirche, die hoch über den Häuserzeilen die Blicke auf sich zieht und in der historische Schnitzarbeiten und Gemälde bestaunt werden können. In ihrem Schatten befindet sich auch ein Denkmal für den wohl bekanntesten Sohn der Stadt, den Geistlichen Thomas von Kempen, dem sie den Beinamen Thomasstadt verdankt. Zu einer Pause, auch wenn sie unweigerlich zum Auftauchen aus der Vergangenheit

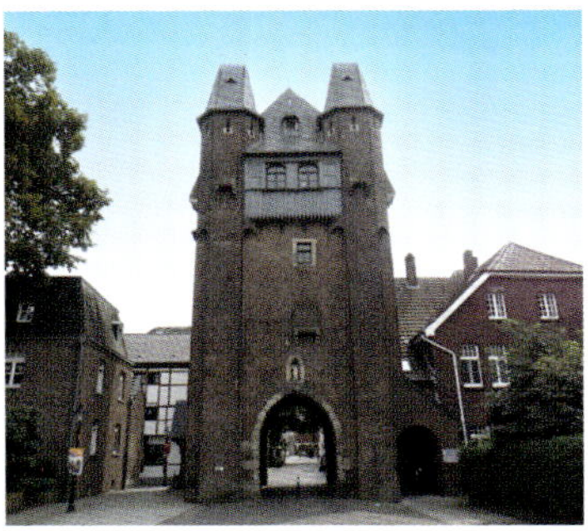

Kuhtor

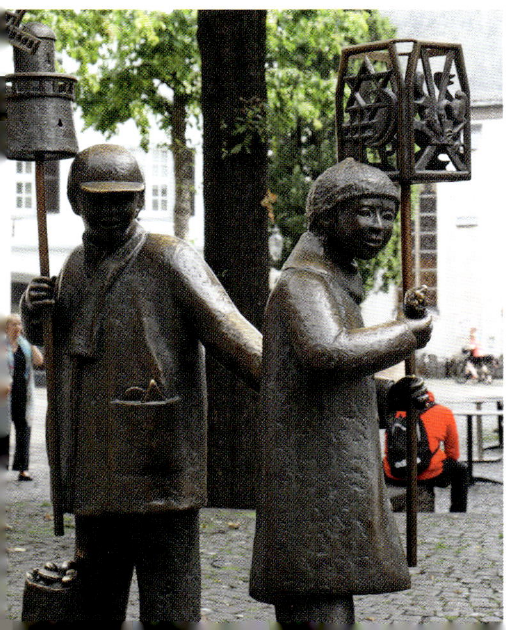

Martinsdenkmal am Buttermarkt

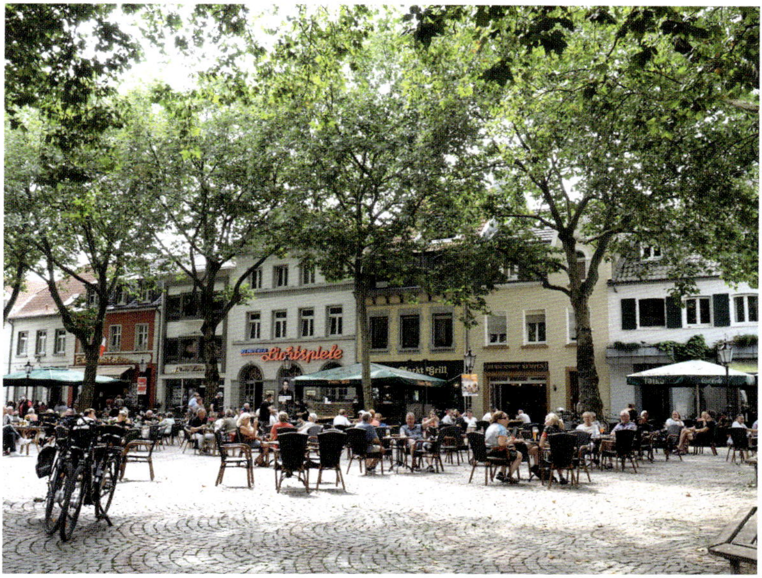

Buttermarkt

Tipp

Gut Heimendahl/Haus Bockdorf

Ein absolutes Rundum-Erlebnis bietet sich den Besuchern des historischen Gutshofes Gut Heimendahl (Haus Bockdorf). Sowohl das Herrenhaus im neugotischen Stil als auch das strahlend weiße Torhaus laden uns zu einer Reise in eine andere Zeit. Als Archehof für aussterbende alte Nutztierrassen mit großem Hofladen und Hofmetzgerei mit Café und Biergarten dient er als Foto-, Film- und Veranstaltungslocation bis hin zu Krimidinner und Ritterlager. Legendär ist das samstägliche Suppenessen.

www.gut-heimendahl.de

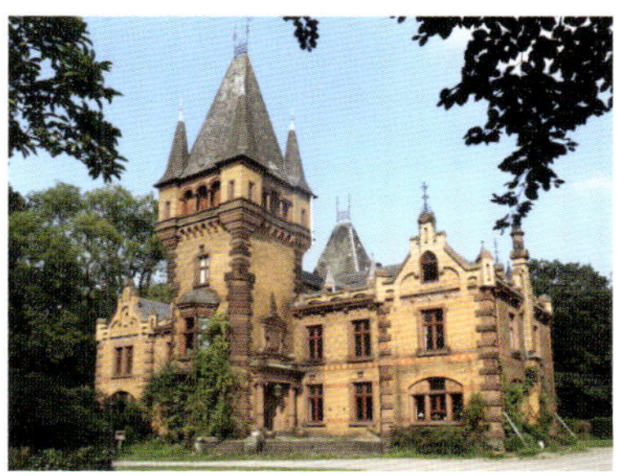

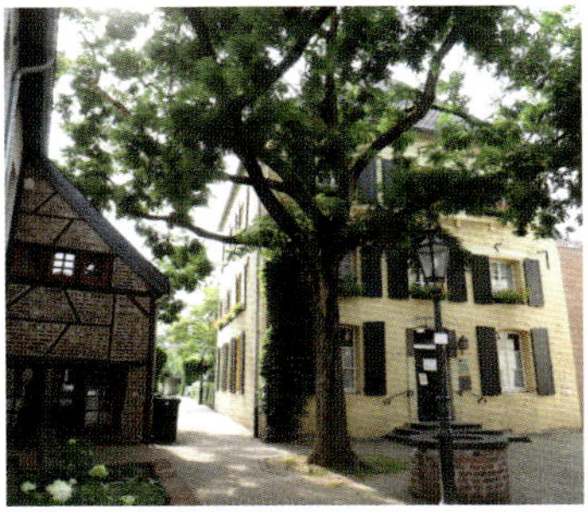

Ecke Moosgasse/Acker

und zurück in die Gegenwart führt, lädt uns der Buttermarkt ein. Unter schattenspendenden Bäumen fordern Außengastronomie, Märkte und Veranstaltungen vor historischen Häuserzeilen zum Verweilen und Verzehren auf, und als Tüpfelchen auf dem i plätschert gleich nebenan der 1912 eingeweihte Sankt-Georg-Gedächtnisbrunnen.

Museum

Städtisches Kramer-Museum/ Museum für Niederrheinische Sakralkunst

Im Erdgeschoss und im Kreuzgang des ehemaligen Franziskanerklosters werden sowohl niederrheinische Wohnkultur, Skulpturen, Waffen und Gemälde des 16.-20. Jahrhunderts ausgestellt als auch sakrale Gold- und Silberschmiedearbeiten, religiöse Schnitzkunst und Kirchentextilien.

Burgstraße 19, 47906 Kempen (www.kempen.de)

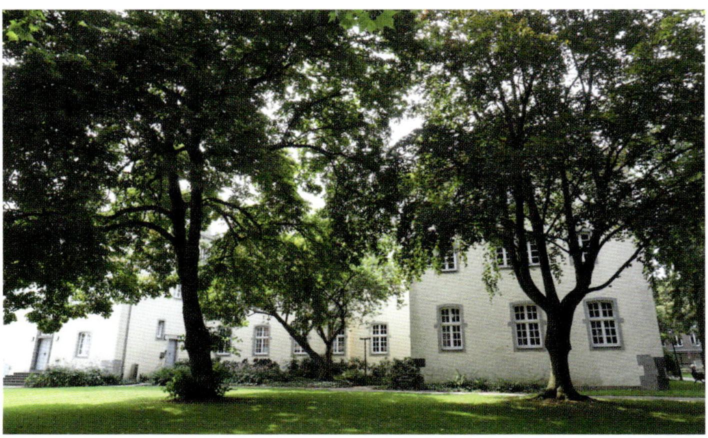

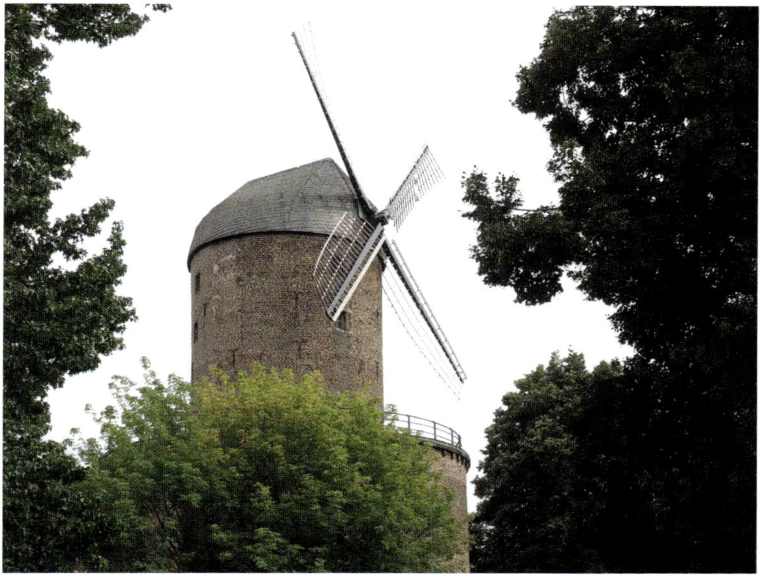

Turmmühle an der Stadtmauer (1481)

Kurkölnische Landesburg

Unübersehbarer Teil der Altstadt und des Rundgangs sind die Kurkölnische Landesburg, die Stadtbefestigung und die Turmmühle, die im Falle einer Belagerung die Stadt mit Mehl versorgte. Im Gegensatz zu den meisten anderen niederrheinischen Städten befand sich Kempen seit der ersten urkundlichen Erwähnung 1186 bis 1794 über viele Jahrhunderte hinweg fest in der Hand der Kurkölnischen Erzbischöfe. Die heute sichtbaren Befestigungsanlagen stammen in der Regel aus der Zeit zwischen 1270 und 1320. Spätestens 1294 besaß Kempen Stadtrechte. Obwohl Kempen aufgrund einer Relique (Haar der Mutter Gottes) bis 1642 ein wichtiger Wallfahrtsort war, war es zugleich ein Vorreiter der Reformation und stand um 1542/43 im Zentrum der Auseinandersetzungen zwischen beiden Konfessionen. 1579 wütete die Pest innerhalb der dicken Stadtmauern. Etwa die Hälfte der Einwohner verstarb.

Könnte sie sprechen, hätte die Kurkölnische Landesburg all dies zu berichten, und noch viel mehr! Sie besitzt mit ihren drei Türmen und einer fast dreieckigen Form einen eher ungewöhnlichen Grundriss und durchbricht mit ihren Grundmauern und dem umgebenden Park im Nordosten der Altstadt die fast kreisrunde Form des befestigten Rundlings. Um 1400 erbaut und hart umkämpft, erhielt sie nach einem Brand 1851 ein neugotisches Gesicht und beherbergt heute das Kreis- und Stadtarchiv.

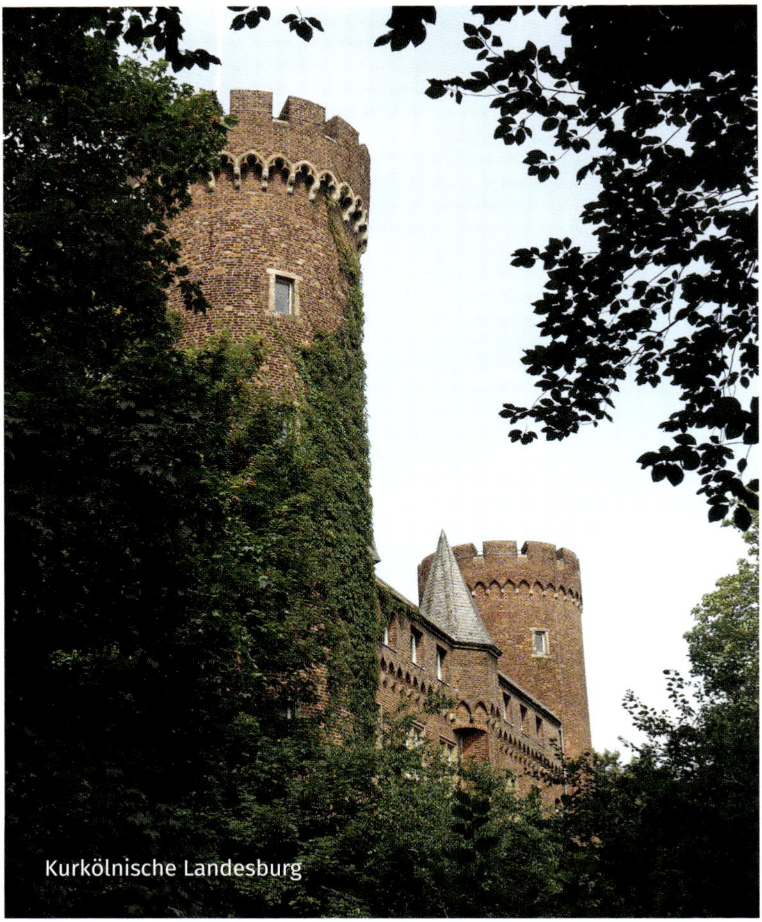

Kurkölnische Landesburg

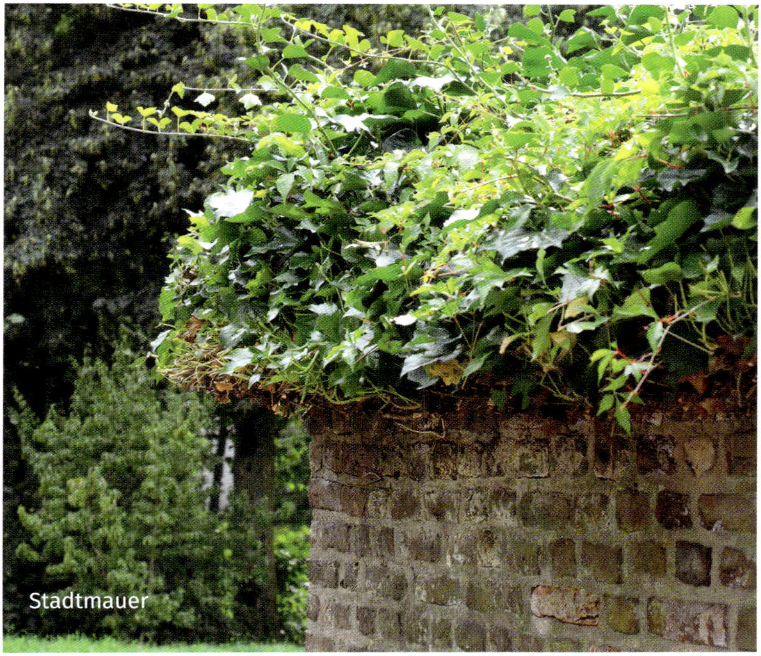

Stadtmauer

Gastronomie

et kemp'sche huus, Neustraße 31, 47906 Kempen (www.et-kempsche-huus.com)
Hofcafé und Biergarten Gut Heimendahl, **Haus Bockdorf**, 47906 Kempen (www.gut-heimendahl.de)

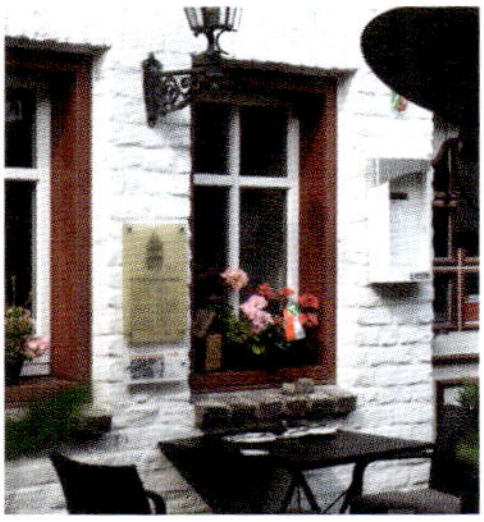

et kemp'sche huus

In der Nähe

Bockwindmühle in Tönisberg (www.heimatverein-toenisberg.de)
Sauna und Wasserwelt Aqua Sol (www.aqua-sol.de)
Kempener Grenzsteinweg (www.kempen.de)

Städtchen mit Dornröschenschloss

Linn

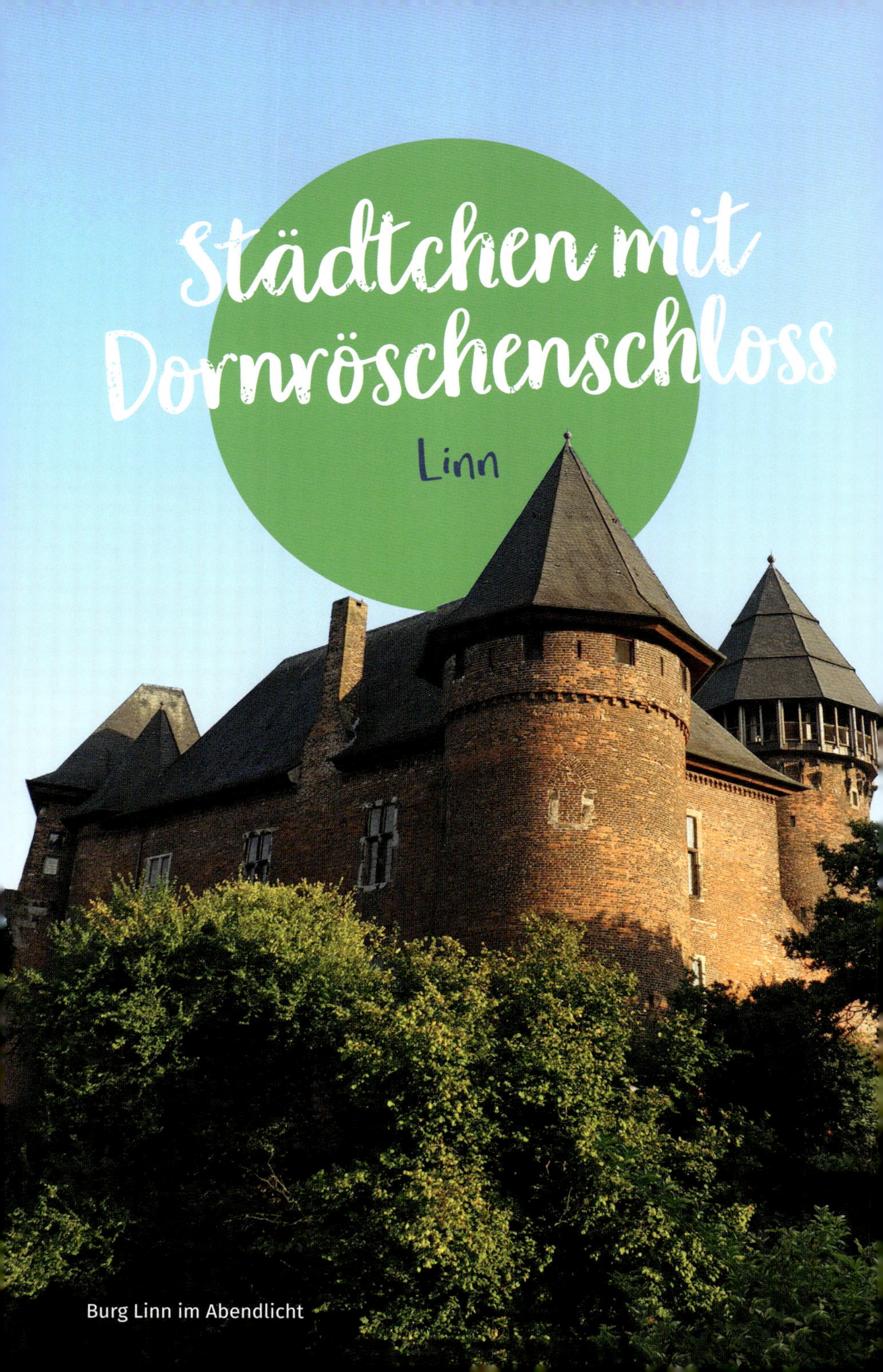

Burg Linn im Abendlicht

Für jeden Dornröschen-Film wäre Linn als Kulisse genau die richtige Adresse! Die mittelalterliche Trutzburg könnte man nicht schöner und typischer malen. Es gibt einen hohen Turm (mit Aussicht!) und einen von wildem Grün umrankten Zugang zur Burg, einen verwunschenen Park und ein verschlafenes Örtchen vor dem Tor – und ganz viel Geschichte, auch ohne schlafende Prinzessin!

Tatsächlich handelt es sich bei Burg Linn und den umliegenden Gebäuden gleich um einen ganzen Museumskomplex, und beim Betreten der mittelalterlichen Wasserburg wird die bereits 900 Jahre währende Geschichte nicht nur optisch greifbar. Den Besucher begrüßt im Torbogen eine Abbildung der ursprünglichen von Wasser umgebenen Motte mit Palisaden und hölzernem Wehrturm, sozusagen die Wurzel der ganzen Anlage, die vielfach erweitert wurde und in ihrer Geschichte so manchen Sturm überstand.

8

Anreise Pkw/Parkplatz:
Parkplatz Burg Linn P1: Ecke Hafenstraße/Kreuzweg
(GPS 51°20'10.18"N, 6°38'7.43"E)

Anreise mit ÖPNV:
Trambahn 044, Haltestelle „Krefeld Burg Linn"
Zug RB 33, RB 35, Haltestelle „Krefeld Linn Bahnhof"

www.krefeld.de
www.krefeld-entdecken.de
www.museumburglinn.de

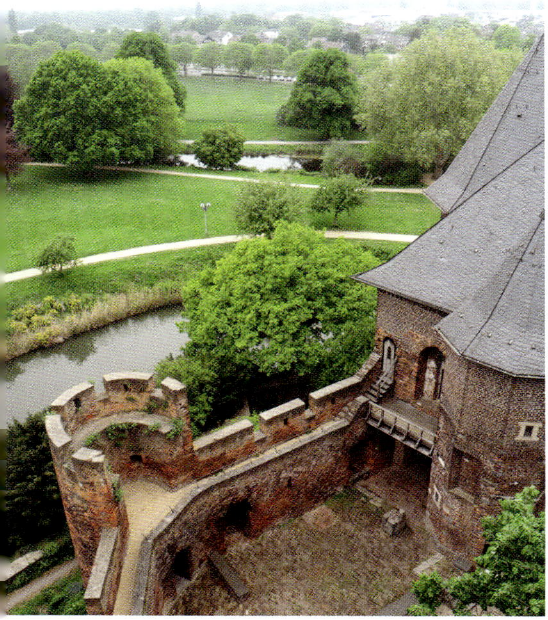

Aussicht vom Hauptturm

Heute stellt sich die ehemalige kurkölnische Landesburg in Form einer polygonalen Rundburg mit mehreren Türmen und Wehrgängen dar. Die meisten Gebäude stammen aus dem 13. Jahrhundert. Während hier ein äußerst lebhafter Eindruck des Lebens und der Geschichte im Lauf der Jahrhunderte vermittelt wird, eröffnet sich vom Hauptturm, auch „Butterturm" genannt (von Büttel = Häscher/Henker, da er als Gefängnis diente) eine spektakuläre Sicht über den Park, Linn, Krefeld und das weite Umland.
In der als barockes Jagdschloss umgestalteten ehemaligen Kellnerei in der Vorburg befindet sich eine Ausstellung mechanischer Musikinstrumente sowie eine Sammlung zur Wohnungseinrichtung des Krefelder Bürgertums im 18. und 19. Jahrhundert.
Am Ortseingang von Linn, unmittelbar vor den Toren der Burg, lädt das Archäologische Museum zu einer Entdeckungstour durch die niederrheinische Geschichte von der Antike bis zur Neuzeit ein. Hier

Tipp

Flachsmarkt

Jährlich findet zu Pfingsten in den Parkanlagen rund um Burg Linn ein prachtvoller mittelalterlicher Flachsmarkt statt. Er gilt als Deutschlands größter und schönster Handwerkermarkt!
www.flachsmarkt.de

Info

Greiffenhorstschlösschen und Park

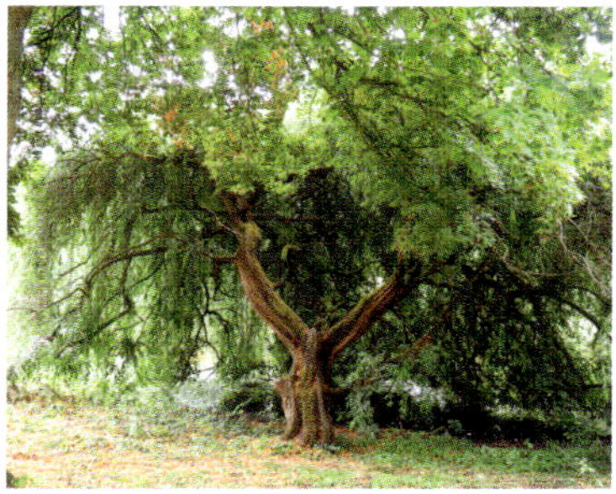

Das klassizistische Jagd- und Gartenschloss mitten im Greiffenhorstpark, nur etwa 1,2 km von der Burg entfernt, wurde 1843 fertiggestellt und ist ein Zeugnis der Prunksucht seines Erbauers Cornelius de Greiff. Der schmucke kleine Bau mit oktogonalem Grundriss liegt als Blickfang in der Mitte des englischen Landschaftsparks, der entlang des Linner Mühlenbaches vom Düsseldorfer Hofgärtner Maximilian Friedrich Weyhe angelegt wurde. Der Park, der im Westen auf Höhe des Mühlenhofs an den historischen Stadtkern angrenzt, ist frei zugänglich und lädt zum Flanieren und Entspannen ein.
Standort: Hafenstraße/Ecke George-C.-Marshall-Straße
(GPS 51°20‘10.72“N, 6°39‘7.91“E)

gibt es insbesondere spektakuläre Grabungsfunde aus dem Krefelder Raum zu bestaunen: Sowohl das römische Kastell als auch die nachfolgenden Franken hinterließen in Krefeld-Gellep ein gigantisches Gräberfeld – die größte bislang untersuchte Gräberstätte nördlich der Alpen. Prunkstücke sind die Beigaben aus dem frühmittelalterlichen Grab des fränkischen Fürsten Arpvar aus der Zeit um 525 n. Chr. sowie ein 16 m langer Lastkahn aus der Zeit Karls des Großen.
Übrigens diente die 2,5 km südlich liegende Geismühle (bekannt durch die angrenzende Autobahnraststätte) einstmals als Wachturm der Burg – deutlich erkennbar an den heute noch vorhandenen Schießscharten.

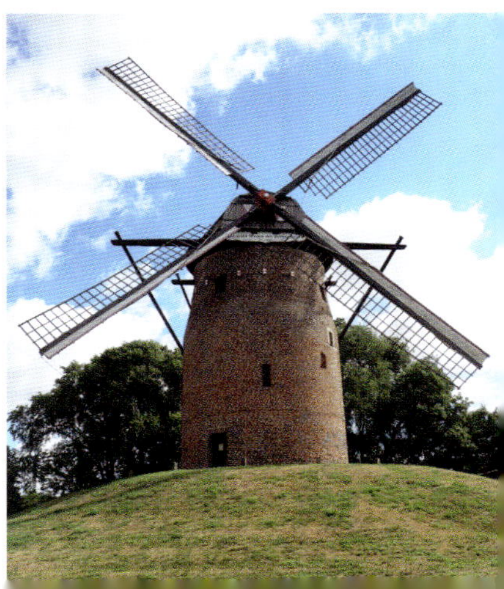

Geismühle

Historisches Städtchen

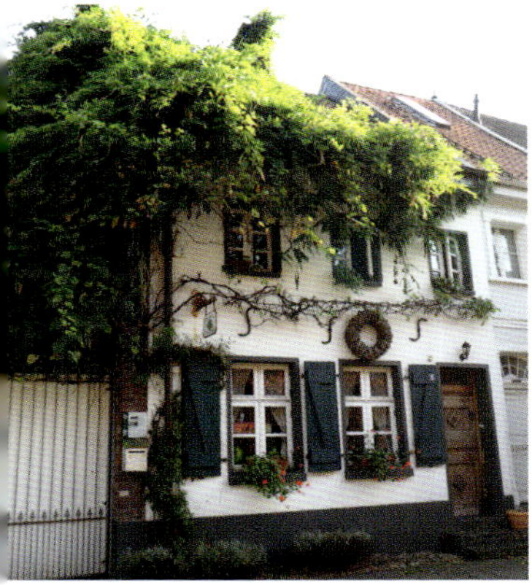

An der Issumer Straße

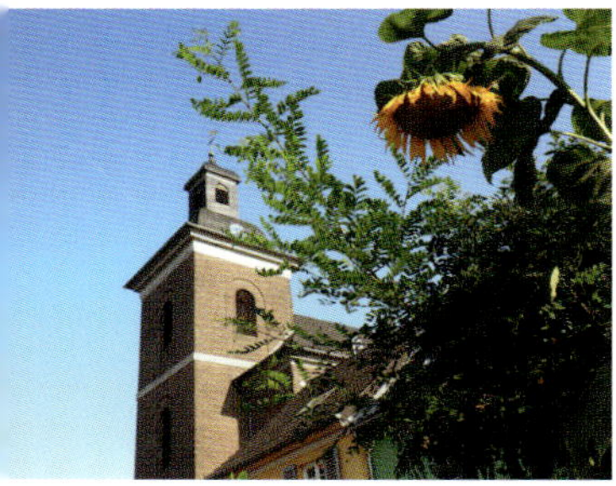

An der Rheinbabenstraße

Der äußere Wassergraben der Burganlage schloss auch die um 1300 durch die Grafen von Kleve gegründete Stadt Linn mit ein und begrenzt heute noch die historische Altstadt. Aus einem bereits vorhandenen Dorf etwa 1,5 km östlich der Burg (in der Nähe des heutigen Greiffenhorstschlösschens) wurden zwei Höfe in die neue Stadt verlegt, zusätzlich zwei adelige Burgmannshöfe vergeben und die Pfarrkirche in die Mitte der Stadt versetzt. Heute ist Linn ein Ortsteil von Krefeld. Bei einem Spaziergang durch Linn gibt es noch viel zu sehen: Die Stadtmauer aus der Zeit um 1350–1370 ist noch in großen Teilen erhalten. Höhepunkte sind auch der Andreasmarkt, an dem früher der Flachsmarkt abgehalten wurde, der Mühlenhof als ehemalige kurfürstliche Ross- und Wassermühle, der Bakenhof, das Issumer Tor sowie das Zollhaus aus der Zeit um 1600. Etliche Häuser stammen im Kern aus der ersten Hälfte des 17. Jahrhunderts, einige sind noch deutlich älter. Stadtgeschichtlich relevante Gebäude sind mit erläuternden Infoschildern

Museum

Deutsches Textilmuseum

Neben dem zur Burg gehörenden Museumskomplex werden in dem Haus am historischen Andreasmarkt Textilien aus aller Welt aus 2000 Jahren Textilgeschichte ausgestellt.

Andreasmarkt 8, 47809 Krefeld-Linn (www.deutschestextilmuseum.de)

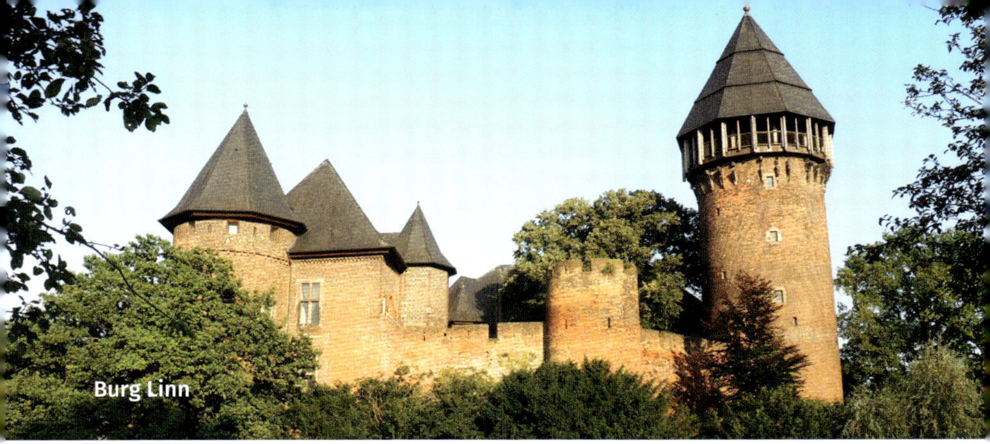

Burg Linn

versehen. Der gesamte Stadtkern steht unter Denkmalschutz und ermöglicht gemütliches Schlendern durch alte Gassen, gepaart mit dem charmanten Hauch der Geschichte, wie ihn nur alte Gebäude ausstrahlen können. Alles an Linn lädt zum Verweilen und Staunen ein, nicht zuletzt die üppig vorhandene vielfältige Gastronomie.

Gastronomie

Nettes Eiscafé,
Albert-Steeger-Straße 10,
47809 Krefeld-Linn
(www.nettes-eiscafe.eatbu.com)
Winkmannshof by Qani,
Albert-Steeger-Straße 19,
47809 Krefeld-Linn
(www.winkmannshof.com)
Em Kontörke,
Margaretenstraße 40,
47809 Krefeld-Linn
(www.restaurant-linn.de)

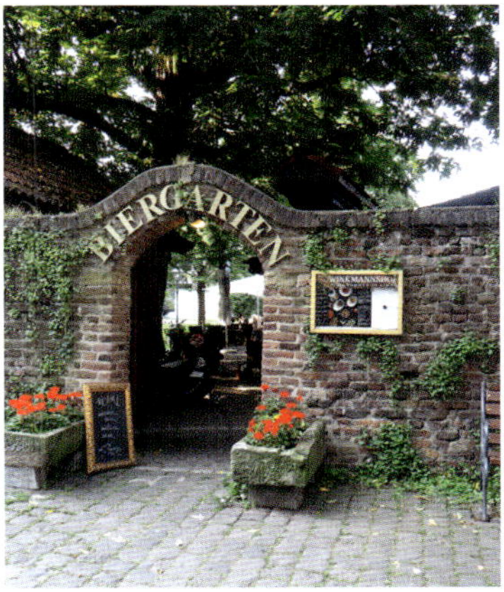

Restaurant Winkmannshof

In der Nähe

Museumseisenbahn „Schluff" (www.schluff-krefeld.de)
Zoo Krefeld (www.zookrefeld.de)

Die Abtei auf dem Hügel

Mönchengladbach

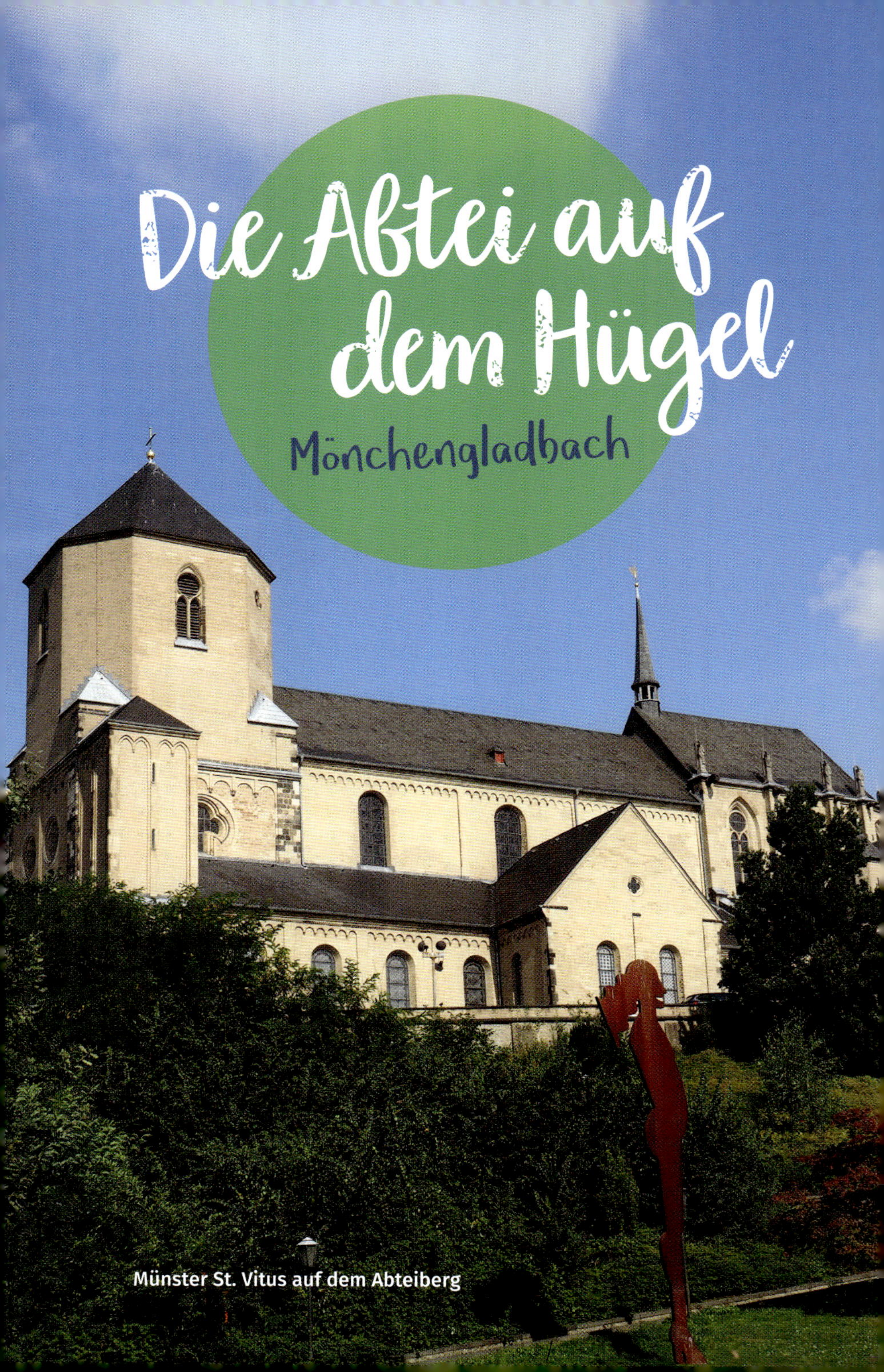

Münster St. Vitus auf dem Abteiberg

Das Wesen der Großstadt Mönchengladbach lässt sich kaum in zwei Sätzen zusammenfassen – ebenso wenig ihre Geschichte. Zu vielfältig sind die Stadtteile und Sehenswürdigkeiten, zu groß das Stadtgebiet. So gibt es den namensgebenden Gladbach nur noch unterirdisch. Man muss sich das so vorstellen, dass man eine Straße entlang läuft und plötzlich ein blaues Schild darauf hinweist, dass irgendwo unter dem Asphalt der Gladbach verläuft. Ebenso außergewöhnlich ist es auch, dass eine der Niersquellen aufgrund der Grundwassersenkung durch den Braunkohletagebau Garzweiler II in ein Wasserhindernis der Mönchengladbacher Golfsportanlage am Rittergut Wildenrath verlegt wurde und das dorthin gepumpte Sümpfungswasser über die Fairways in das alte Niersbett geleitet wird.

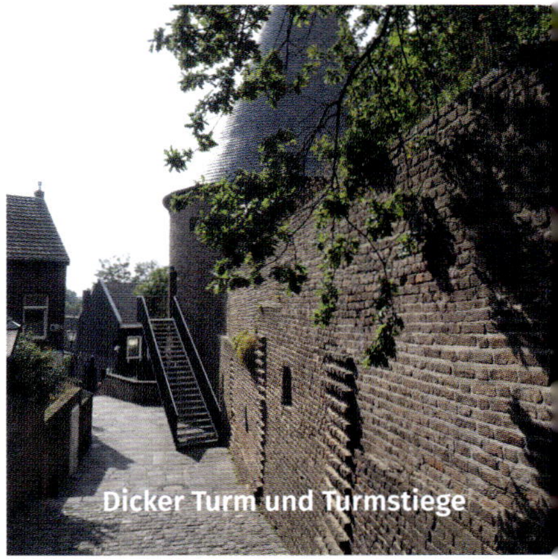
Dicker Turm und Turmstiege

9

Anreise Pkw/Parkplatz:
Geroplatz: Lüperzender Straße 6
(GPS 51° 11‘28.10“N, 6° 25‘53.13“E)

Anreise mit ÖPNV:
NE3, 005, 015, 025, 036, Haltestelle „Geroplatz“
NE2, NE4, 003, 007, 008, 009, 010, 013, 019, 023, 033, Haltestelle „Mönchengladbach Alter Markt“

www.moenchengladbach.de
www.mgmg.de
www.deinmg.de

Die Stadt besticht durch etliche Schlösser und Herrenhäuser sowie durch gleich mehrere alte Rat- und Bürgerhäuser – Alt-Gladbach, Rheydt, Wickrath, Odenkirchen und Dahlen/Rheindahlen wären als historisch besonders relevante Stadtteile zu nennen, die aufgrund der verschiedenen historischen Herrschaftsverhältnisse ganz unterschiedliche Geschichte(n) erlebten.
Die Besiedelungsgeschichte des heutigen Stadtgebiets beginnt bereits in der Steinzeit und setzt sich zur Römerzeit fort. Altsteinzeitliche Funde sind im Wasserturm Rheindahlen ausgestellt. Die Keimzelle Gladbachs findet sich auf einem Hügel im Zentrum der Altstadt; hier existierte bereits zu karolingischer Zeit eine Siedlung mit Kirche. 974 gründete Erzbischof Gero von Köln die Abtei St. Vitus auf einem Hügel – ein Ort, zu dem Besucher heute noch „aufschauen“ müssen und der stolz von der über 1000-jährigen Geschichte der Stadt kündet. Besonders interessant ist hier das Jahrhunderte andauernde Nebeneinander kirchlicher und weltlicher Herrschaft – eine Konstellation, die für reichlich Konflikte sorgte. Die Marktsiedlung neben der Kirche, für die bereits 1183 Schöffen nachgewiesen sind, erhielt zwischen 1364 und 1366 die Stadtrechte. Sie gehörte

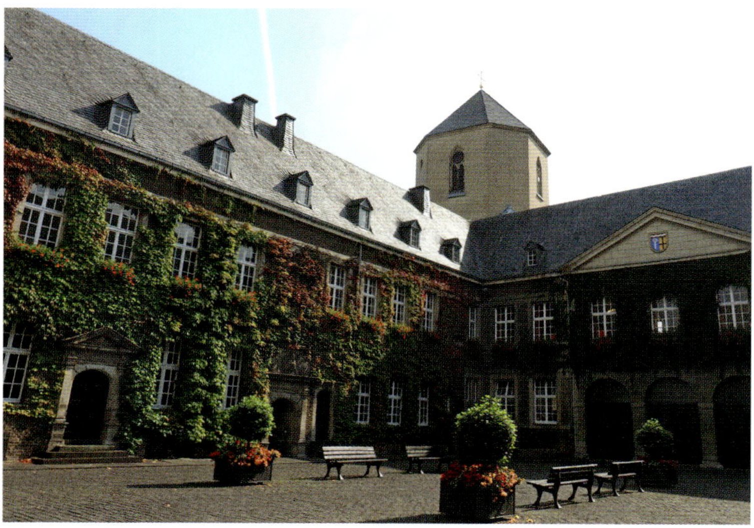

Rathaus Abtei

Tipp

Kletterkirche Mönchengladbach

In dem besonderen Ambiente einer ehemaligen Pfarrkirche gibt es Kletter-Herausforderungen für jedes Alter und jeden Anspruch – „Mutprobe" und Bouldern inklusive.

www.kletterkirche.de

zum Herzogtum Jülich-Berg. Gladbach war bekannt für seinen Leinenhandel. Weber, Tuchscherer, Gewandschneider, Krämer, Schuster, Schmiede und Schreiner waren in Zünften organisiert. Den heutigen Namen erhielt die Stadt übrigens im 19. Jahrhundert zur Abgrenzung von Bergisch-Gladbach. Der Zusatz „Mönchen-" ist auf die Abtei zurückzuführen.

Altstadtrundweg Gladbach

Auf dem Altstadtrundweg ist Geschichte allgegenwärtig. Er orientiert sich an der ehemaligen Stadtmauer, deren Reste unter anderem im Abteigarten und zu Füßen des Hügels im Geropark zu finden sind. Beim Aufstieg aus dem Park über den Abteiberg zum Alten Markt und zum Kapuzinerplatz stolpern Besucher förmlich über eine weitere jahrhundertealte Tradition: Im historischen „Alten Zeughaus" ist ein Karnevalsmuseum untergebracht! Die Wegführung erlaubt es uns, immer wieder – als würden wir eine Insel betreten – in alte Zeiten einzutauchen. Zwischendurch, wenn die Realität uns einholt, bietet die Gastronomie reichlich Möglichkeit zur Stärkung am Wegrand – zum Beispiel in dem mit 400 Jahren ältesten Gasthaus St. Vith, das der Legende nach 1586 als Gasthaus der Abtei errichtet wurde, um einen weltlichen Pranger zu verdecken, der dem Abt ein Dorn im Auge war (dies übrigens nicht, weil es ein Pranger war,

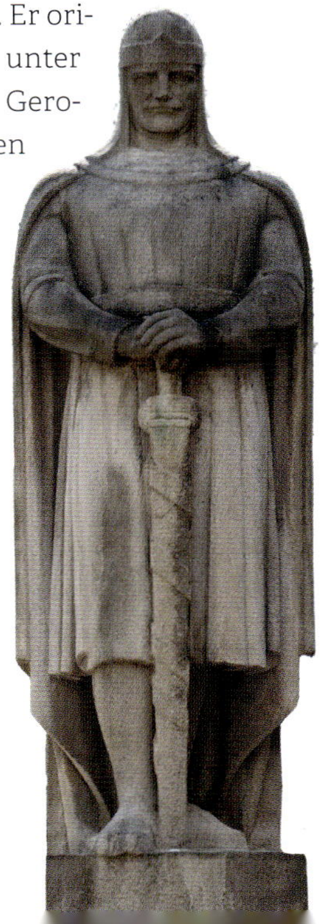

Stadtgründer Graf Balderich

sondern weil der herzogliche Vogt den abteieigenen „Kax“ bei einer Nacht-und-Nebel-Aktion durch ein steinernes Exemplar mit dem Wappen der Herzöge von Jülich ersetzte). Heute gilt das Gebäude als eines der ältesten weltlichen Gebäude Gladbachs. Die weithin sichtbare, größtenteils romanische Abteikirche wurde von Papst Paul VI 1974 zur Basilica Minor erhoben. Die ältesten Teile stammen aus der Zeit um 1180–1183.

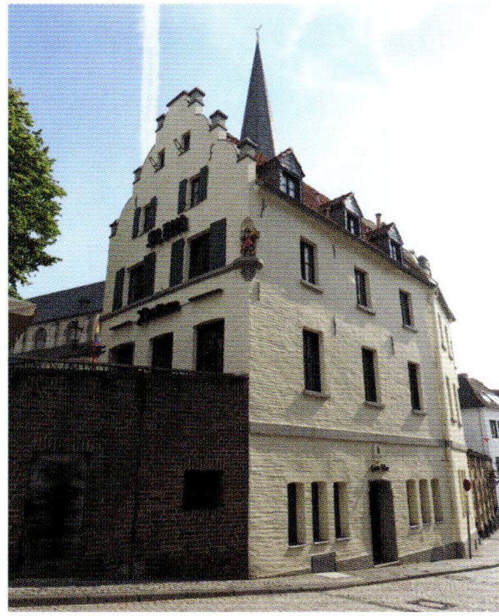

Gasthaus St. Vith

Museum

Städtisches Museum Schloss Rheydt

Das Museum präsentiert in verschiedenen Gebäudeteilen sowohl eine Sammlung zur Baugeschichte des Schlosses als auch zur Stadtgeschichte sowie zu Kunst und Kultur in der Renaissance. Eine Kasematte mit einer Ausstellung zum Festungsbau ist im Park frei zugänglich begehbar.

Schlossstraße 508, 41238 Mönchengladbach (www.schlossrheydt.de)

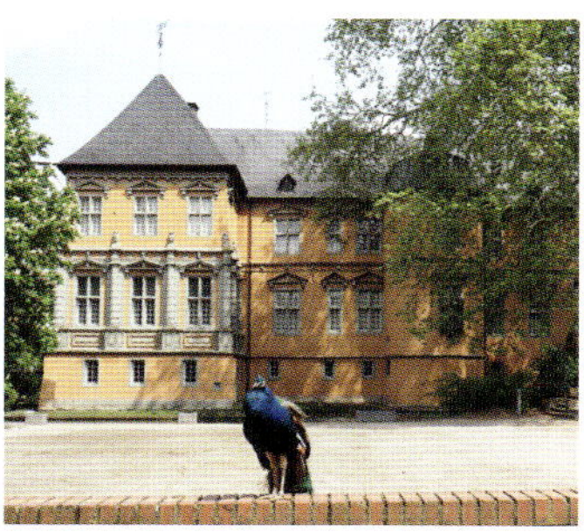

Schloss Rheydt

Weitere Museen

Städtisches Museum Abteiberg (www.museum-abteiberg.de)

Altes Zeughaus Karnevalsmuseum (www.altes-zeughaus.de)

TextilTechnikum in Montforts Quartier (www.textiltechnikum.de)

Archäologisches Museum im Wasserturm Rheindahlen (www.steinzeit-in-rheindahlen.de)

Gastronomie

Historisches Gasthaus St. Vith, Alter Markt 6, 41061 Mönchengladbach (www.stvith.de)
Restaurant Hasenbande in der Hensen-Brauerei, Untere Str. 133–135, 41068 Mönchengladbach-Waldhausen (www.hasenbande-mg.de)
PURINO Restaurant Schloss Rheydt, Schlossstraße 508, 41238 Mönchengladbach-Rheydt (www.purino.de)
Restaurant Schloss Wickrath, Schloss Wickrath 17, 41189 Mönchengladbach-Wickrath (www.schlosswickrath.de)

In der Nähe

Bunter Garten Mönchengladbach (www.buntergarten.de)
Parks und Gärten in und um Mönchengladbach (www.bunter-garten.de)
Tierpark Odenkirchen (www.tiergarten-moenchengladbach.de)
Sternwarte Rheindahlen (www.astro-mg.de)
Trabrennbahn (www.mgtrab.de)

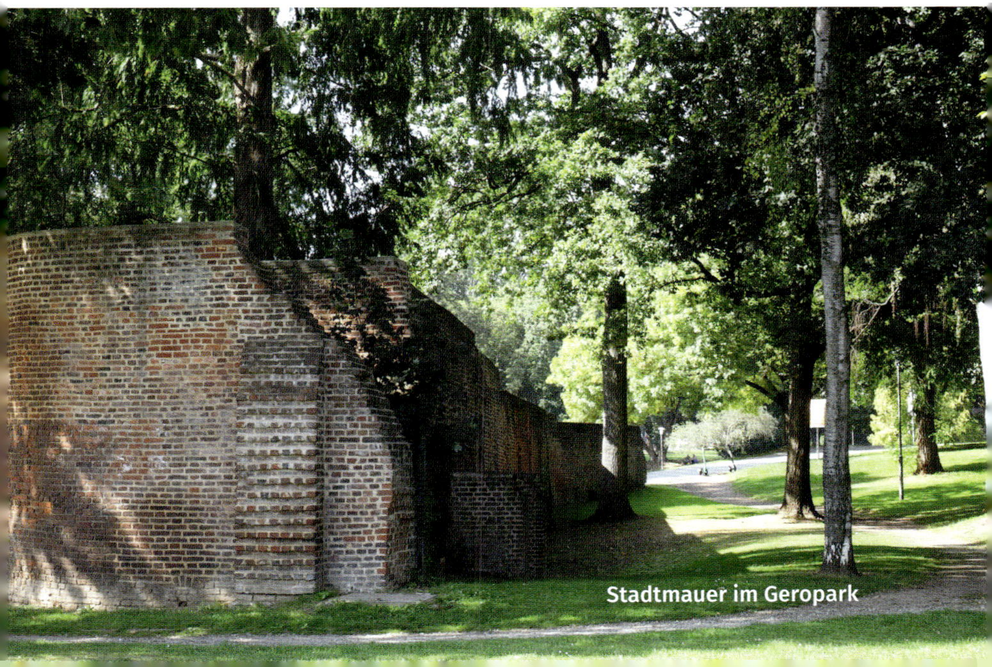

Stadtmauer im Geropark

An der Furt durch die Schwalm

Brüggen

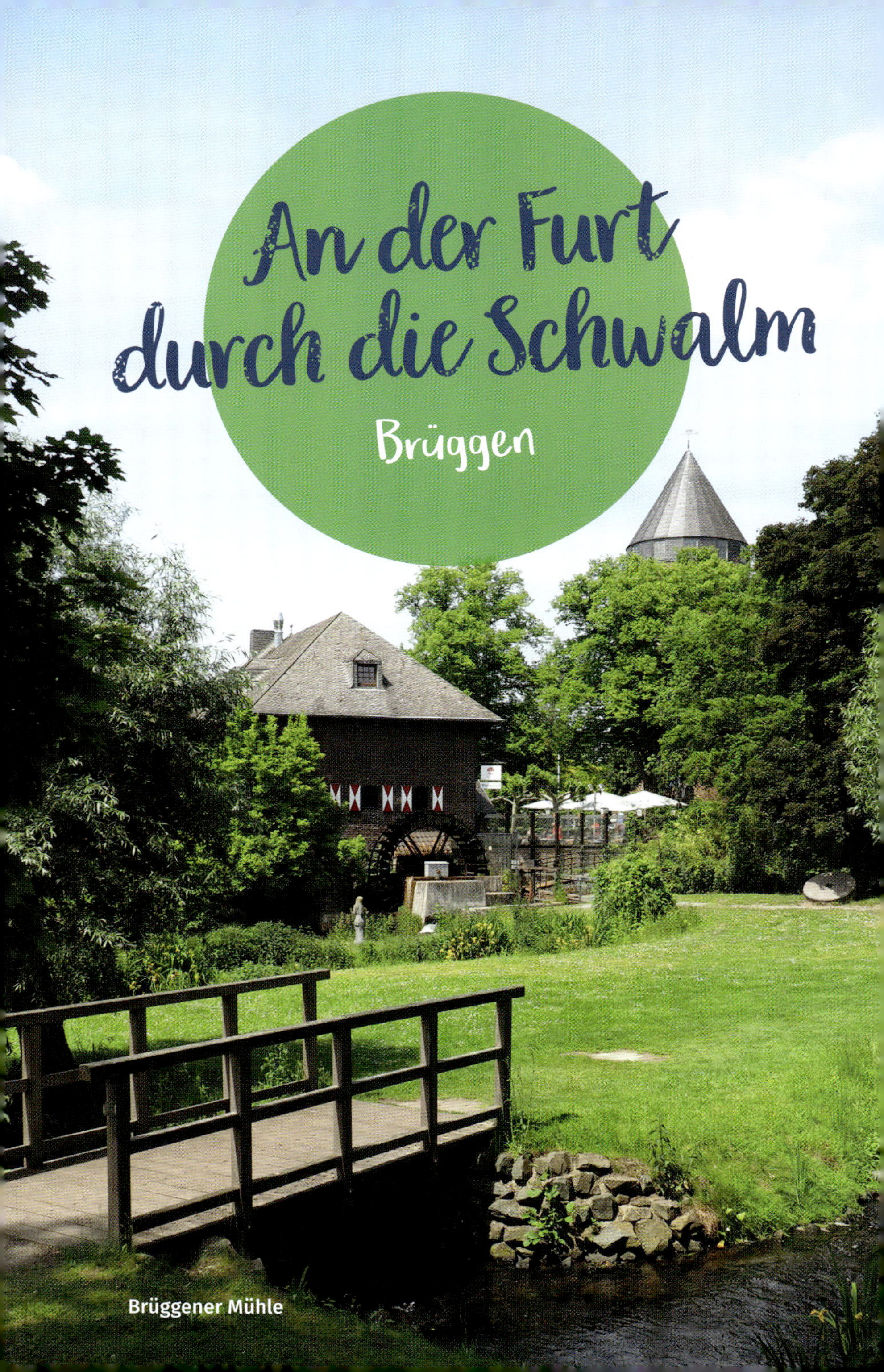

Brüggener Mühle

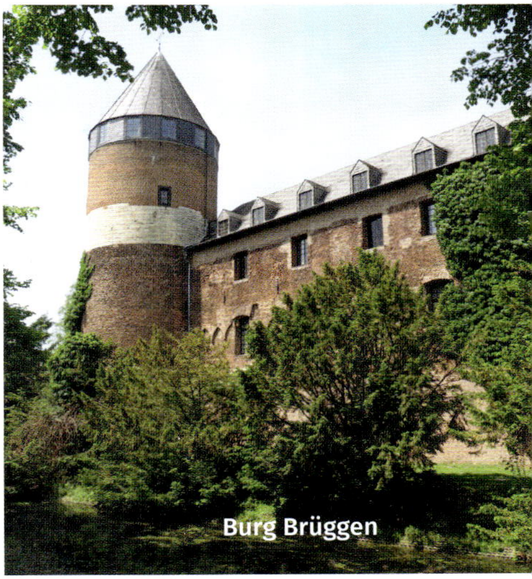
Burg Brüggen

Brüggen liegt mitten im Grünen, umgeben von einem der größten, schönsten und bekanntesten Naturparke der Region: dem Naturpark Maas-Schwalm-Nette. Die Schwalm bildet seit jeher die Südgrenze der Stadt und ist zugleich ihre Keimzelle, denn bereits 897 befand sich hier, an der einzigen Furt durch den Fluss, wo sich zudem zwei Handelsstraßen kreuzten, eine Siedlung.

Der besonderen Lage entsprechend wurde bereits früh eine Zollstation errichtet. In diesem wehrhaften ehemaligen Festungstor und Grenzübergang in niederländisch-spanisches Gebiet können wir heute genüsslich speisen: die sogenannte „Schwalmpforte Torschänke" beherbergt ein Restaurant.

10

Anreise Pkw/Parkplatz:

Kreuzherrenplatz (GPS 51° 14‘21.08“N, 6° 11‘4.12“E)

Anreise mit ÖPNV:

Buslinien 067, 072, 073, 074, SB84, SB88,
Haltestelle „Brüggen Burg“

www.brueggen.de

Brüggen wurde im Mittelalter zum Zentrum weltlicher und geistlicher Macht. Im ehemaligen Kreuzherrenkloster befindet sich heute das Rathaus, während die bereits 1289 urkundlich erwähnte Burg sowohl ein Museum zum Thema „Mensch und Jagd" als auch ein Naturparkzentrum enthält. Von den ehemals eindrucksvollen Befestigungsanlagen zeugen Wälle und Kasematten, die sowohl virtuell als auch im Rahmen von Führungen begehbar sind. In der zur Burg gehörigen auf das 13. Jahrhundert zurückgehenden Wassermühle befindet sich ebenfalls ein Restaurant. Neben etlichen alten Häusern und Straßenzügen zeugen auch das Tor der ehemaligen Vorburg und der Messerturm von der Zeit, als sich hier die mächtigste Festung der Herzöge von Jülich befand. Diese sehr besonde-

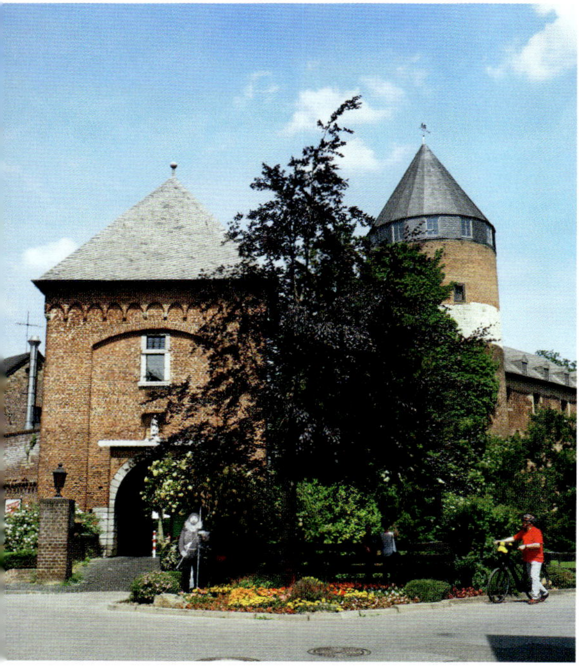

Vorburg und Burg

Tipp

Astronomischer Lehrpfad/Planetenweg

Mitten im Grünen in einer Aue zwischen den mäandernden Schlingen der Schwalm lässt sich auf 4,5 km Länge unser Sonnensystem im Verhältnis 1:1 Milliarde km erwandern.

www.brueggen.de

Tipp

Brachter Wald

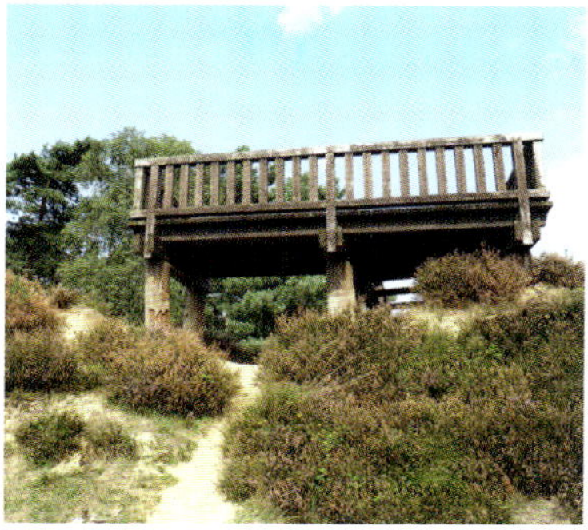

Ein 1250 ha großes eingezäuntes ehemaliges Militärgelände wurde der Natur zurückgegeben. In dem geschützten Gebiet mit Wald- und Heidelandschaften lässt sich neben freilebenden Schafen, Pferden und Rindern reichlich Wild erleben. Es gibt sechs Zugänge und mehrere Themen- und Wanderwege.

re Kombination führt dazu, dass in Brüggen von März bis Oktober auch sonntags die Geschäfte öffnen dürfen und auf den Straßen und in den Restaurants reges Treiben herrscht, denn: Es ist ein Vergnügen, in Brüggen unterwegs zu sein! Besondere Höhepunkte im Jahreslauf sind das „Brüggener Burgfestival“ und das „Altstadtfest“, der „Kinderferienstart“, „Brüggen Klassik“ und die „Niederrheinischen Theaterfestspiele“.

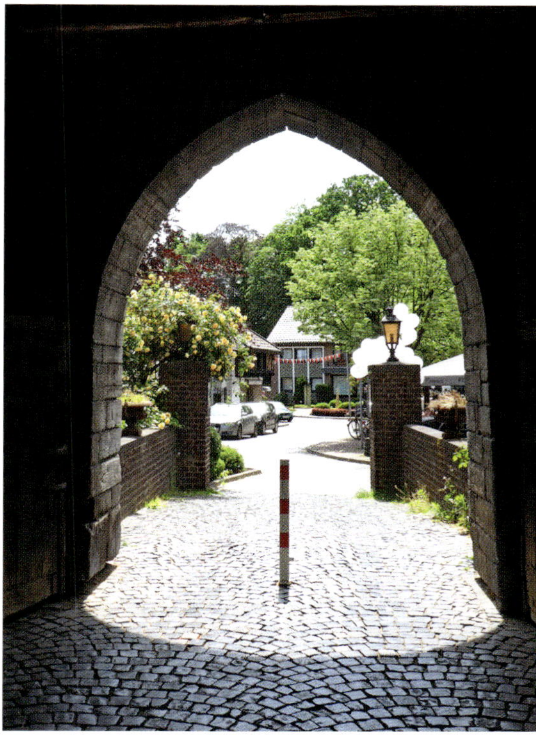

Blick aus dem Tor der Vorburg zur Stadt

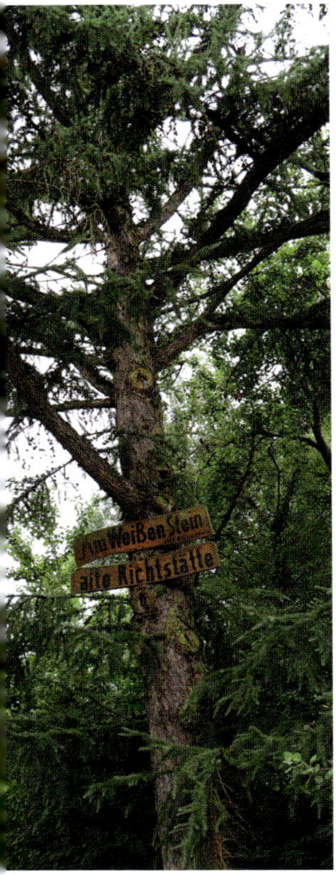

Am Weißen Stein

Brachter Hausgeschichten

Der Ortsteil Bracht war bereits zur Keltenzeit besiedelt. 1116 wurde er erstmals schriftlich nachgewiesen. Historische Gebäude im Ort sind mit Infotafeln versehen, die auf interessante Begebenheiten hinweisen und im Rahmen des Rundgangs „Brachter Hausgeschichten" erwandert werden können. Hier wurden 1977 auch Teile des Films „Die Vorstadtkrokodile" gedreht. An einer „Dingbank" am sogenannten „Weißen Stein", direkt an der niederländischen Grenze und am Rande des „Brachter Waldes", wurde im Mittelalter Gericht gehalten. Hier befinden sich heute ein Wanderparkplatz für Besucher des Naturschutzgebietes sowie zwei Restaurants in reizvoller Lage mitten in der Natur, eines davon mit einem gigantischen Kinderspielplatz. An dieser Stelle liegt ebenfalls der Schnittpunkt der beiden Teilstücke der „Kulturhistorischen Route Brüggen-Beesel", einem Weg durch die Geschichte der Region in den vergangenen 4500 Jahren, vorbei an Grabhügeln, Henkersplätzen und natürlich auch den „neueren" historischen Sehenswürdigkeiten.

Museum

Naturkundemuseum „Mensch und Jagd"

In der imposanten Burg werden sowohl Informationen zum Naturpark Schwalm-Nette als auch zur Geschichte der Burg vermittelt. Im Mittelpunkt steht eine Ausstellung zum Thema „Mensch und Jagd" zur Entwicklung der Menschheit und ihrer Lebensräume sowie deren Auswirkungen auf die Natur. Die Touristeninformation ist ebenfalls hier beheimatet.

Burgwall 4, 41379 Brüggen (www.menschundjagd.de, www.npsn.de)

In der Nähe

Naturpark Schwalm-Nette (www.npsn.de)
Natur- und Tierpark Brüggen (www.natur-und-tierpark-brueggen.de)
Return Saunapark (www.myreturn.de)

Gastronomie

Restaurant Torschänke im Alten Zollhaus, Klosterstraße 11, 41379 Brüggen
Restaurant Alte Brüggener Mühle, Burgwall 3, 41379 Brüggen (https://altebrueggenermuehle.com/)
Kaschemme Pub & Bar, Klosterstraße 39A, 41379 Brüggen
Restaurant De Witte Stein, Keulseweg 193, NL-5953 HJ Reuver, Niederlande (www.dewittestein.nl)

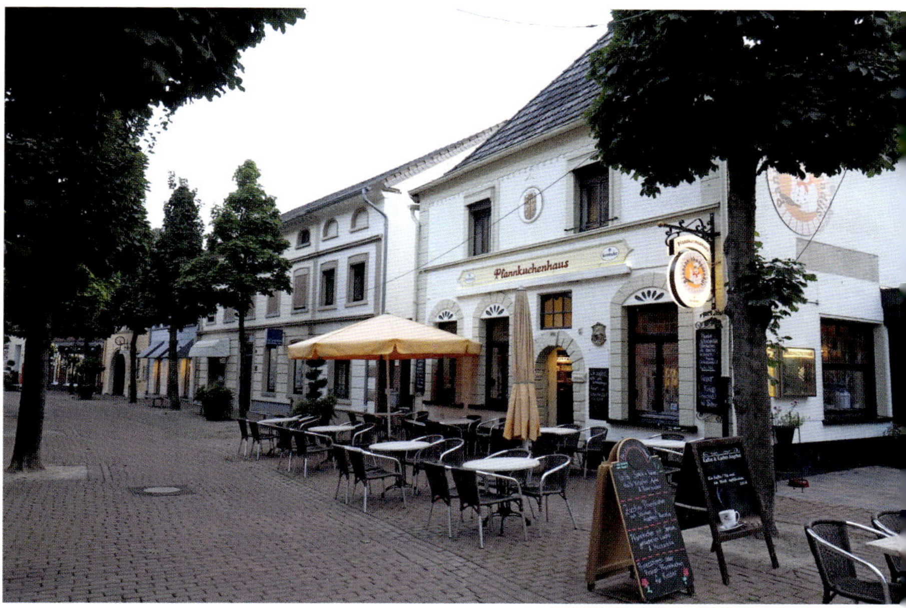

Klosterstraße

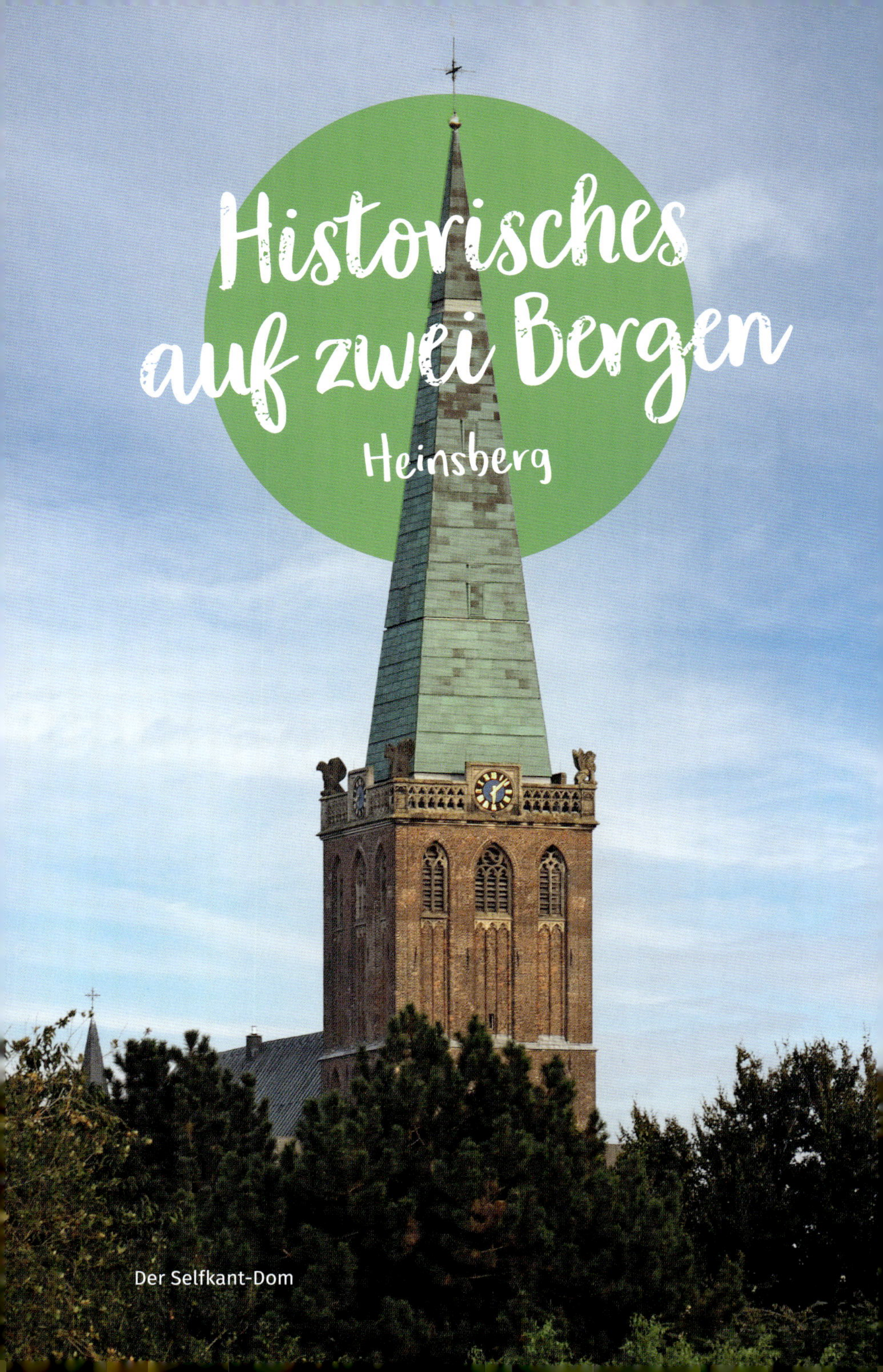

Der Selfkant-Dom

„Eine Insel mit zwei Bergen" – überspitzt könnte man die Altstadt der westlichsten Kreisstadt Deutschlands so nennen! Eindrucksvoll überragen der Kirchberg mit dem Selfkantdom und der Burgberg mit der Burgruine, die heute als Freilichttheater dient, die Häuser der historischen Innenstadt.

Abgesehen vom absolut sehenswerten Begas-Haus aus dem 15./16. Jahrhundert sind aufgrund der Zerstörung im Zweiten Weltkrieg die meisten Gebäude neueren Datums, dennoch bereitet ein Aufenthalt in der Altstadt mit ihrer Gastronomie und ihrem Ambiente Freude. Und man fühlt sich fast wie ein Zeitreisender, wenn man weiß, dass sich einen Meter unter dem Asphalt der Hochstraße eine alte Römerstraße befindet, auf der Münzen aus der Zeit um 100 n. Chr. gefunden wurden, und dass unter der Probsteikirche Gräber existieren, die auf eine Besiedelung in vorfränkischer Zeit hinweisen, die sich über beide Hügel erstreckte.

11

Anreise Pkw/Parkplatz:
Parkplatz Josefstraße: Josefstraße 5
(GPS 51° 3'37.45"N, 6° 5'40.06"E)

Anreise mit ÖPNV:
Linien 403, 405, 410, 413, 472, 474, 475, 490, 493, SB4, Haltestelle „Heinsberg, AOK"

www.heinsberg.de

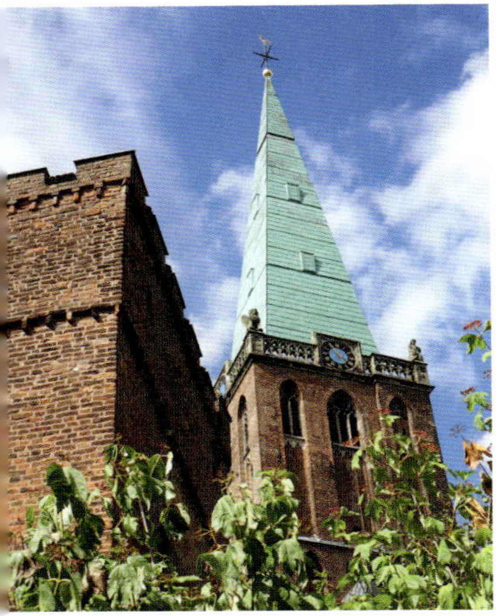

Kirchberg mit Selfkant-Dom

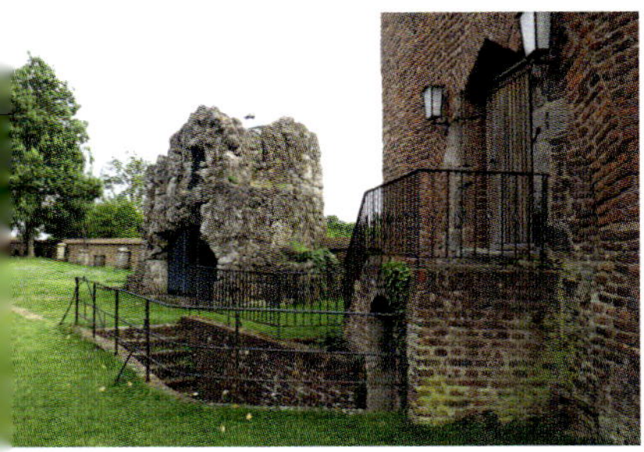

Kirchberg

Gemeinsam bilden sie eine der größten noch erhaltenen Motten des Rheinlandes. Unterhalb des Kirchbergs befinden sich Kasematten, die im Rahmen von Führungen besichtigt werden können. Burg und Festung gehen auf das 11. Jahrhundert zurück. Der Herzog von Jülich ließ die Anlage 1538 zur Zitadelle ausbauen. 1678 wurde sie durch französische Truppen zerstört. Die Ruinen bilden heute zusammen mit einem Aussichtspunkt eine stimmungsvolle Kulisse für Freilicht-Theateraufführungen und das jährliche Burgbergfestival. Die gotische Stiftskirche St. Gangolfus, auch Selfkantdom genannt, stammt aus dem 15. Jahrhundert. Es gab jedoch mehrere Vorgängerbauten, von denen unter anderem eine romanische Krypta erhalten ist. Ebenfalls erhalten ist das Hochgrab der Herren von Heinsberg aus dem 15. Jahrhundert sowie Reliquien der heiligen Hedwig von Andechs, einer Enkelin der Mathilde von Heinsberg. Südlich der Kirche finden sich Reste der alten Festungsmauer mit Ritterturm, einer Lourdes-Grotte und Relikten des „Turms am Himmelsgärtchen" aus dem 14. Jahrhundert.

Museum

Begas Haus

In dem barrierefreien Gebäudeensemble wird neben archäologischen Funden, regionalgeschichtlichen Dokumenten, christlicher Kunst und historischem Mobiliar Kunst der Künstlerdynastie Begas ausgestellt.
Hochstraße 21, 52525 Heinsberg (www.begas-haus.de)

In der Nähe

Freizeit- und Naherholungsgebiet Lago Laprello
(www.heinsberg.de, https://www.facebook.com/bootshauslago/)
Mercatorpunkt in Gangelt (www.gangelt.de)
Westlichster Punkt Deutschlands (www.selfkant.de)
Kleinbahnmuseum/Nostalgiezug Selfkantbahn (www.selfkantbahn.de)
Wildpark Gangelt (www.wildpark-gangelt.de)

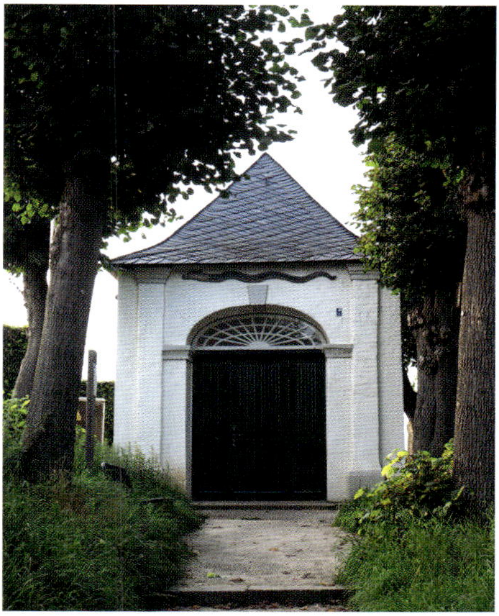

Schlangenkapellchen

An eine andere Geschichte erinnert nur noch eine Infotafel – und das Produkt, das von hier stammt und Menschen vielen ein Lächeln ins Gesicht zaubert: Im September 1876 erfand Eugen Verpoorten in seiner „Liqueur-Fabrik" auf der Hochstraße 85 den Eierlikör!

Westlich der Westpromenade führt eine Allee über den Kapellenweg zum sogenannten Schlangenkapellchen, einer kleinen barocken Klosterkapelle, die von einem alten Lindenhain umgeben ist. Ein malerischer, magischer Ort im Grünen – es lohnt sich, den kurzen Weg (400 m ab Westpromenade/Kreisverkehr) bei einem Besuch der Stadt Heinsberg mit einzuplanen!

Gastronomie

Vinoteca Heinsberg, Erzbischof-Philipp-Straße 17, 52525 Heinsberg (www.vinoteca-heinsberg.de)

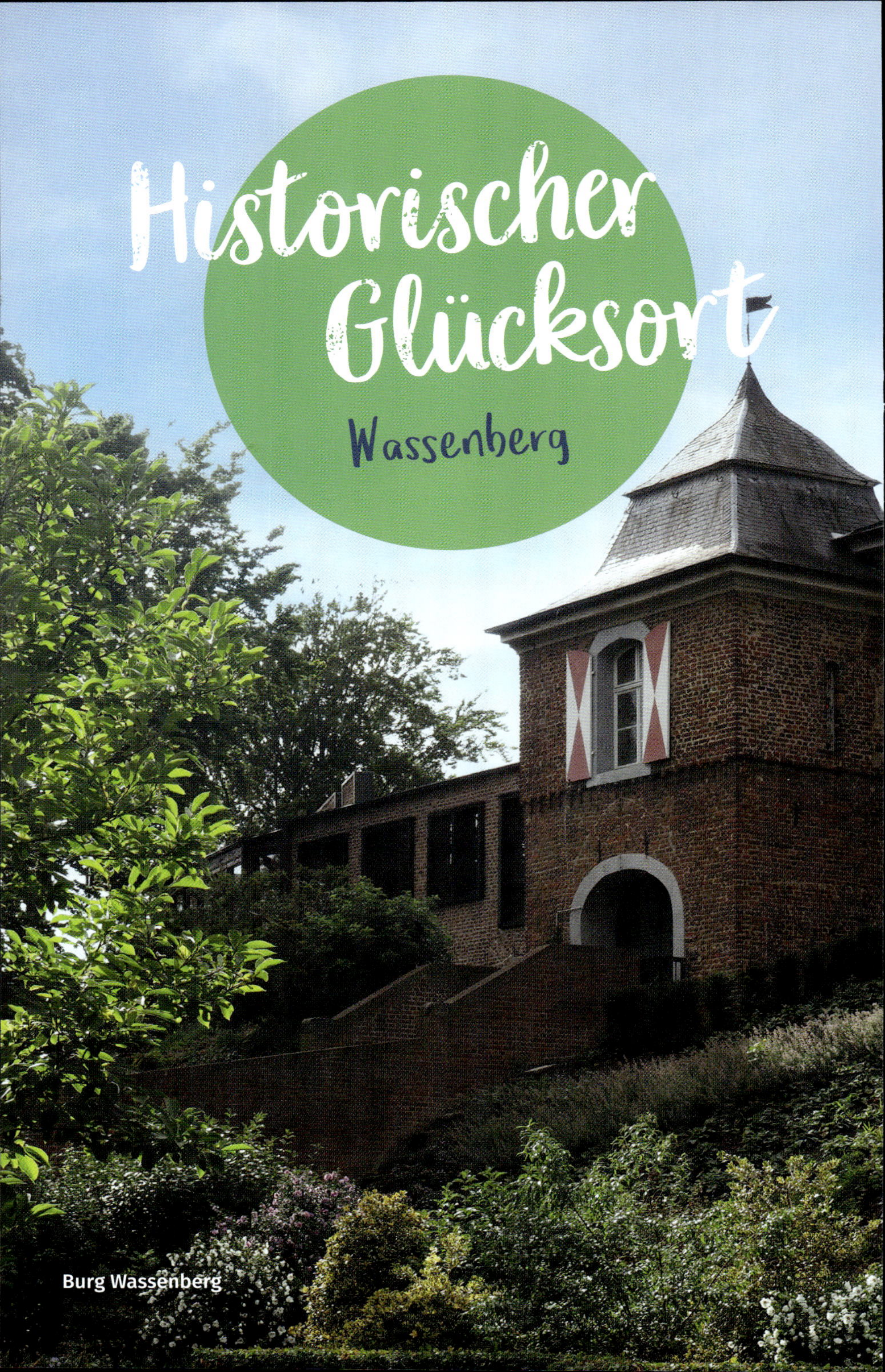

Burg Wassenberg

Wassenberg geizt nicht an Superlativen: Dabei geht es weniger um Rekorde im eigentlichen Sinne, sondern um die Vielschichtigkeit seiner Schönheit, Geschichte und um die Möglichkeit, Glück zu erfahren. Mit zehn von den Einwohnern gewählten Glücksorten ist die Stadt reich an Lieblingsorten, von denen der auf 92 m Höhe gelegene durch einen Außentreppenlift barrierefrei erreichbare Bergfried sicherlich an erster Stelle steht.

Der fast verfallene Stolz der Höhenburg (auch dies eine Besonderheit – es gibt nur drei am Niederrhein: die Klever Schwanenburg, Schloss Liedberg und Burg Wassenberg) wurde 2013 bis 2015 restauriert und bei dieser Gelegenheit mit einem Aufzug versehen, so dass auch das Dach mit der Aussichtsplattform problemlos barrierefrei erreichbar ist. Der Blick über das Rurtal und in die Niederlande hinein kann sich sehen lassen! Die eigentliche Burg liegt etwas unterhalb und enthält heute ein Hotel und Restaurant.

12

Anreise Pkw/Parkplatz:
Parkplatz am Burgberg: Auf dem Burgberg (GPS 51° 6‘3.66“N, 6° 9‘24.74“E)
am Küstersgäßchen (GPS 51° 6‘3.60“N, 6° 9‘31.66“E)
Parkstraße (GPS 51° 5‘53.99“N, 6° 9‘26.07“E)

Anreise mit ÖPNV:
Buslinien 405, 413, 495, SB1, SB5, Haltestelle „Burg Wassenberg“

www.wassenberg.de

Wechselvolle Geschichte

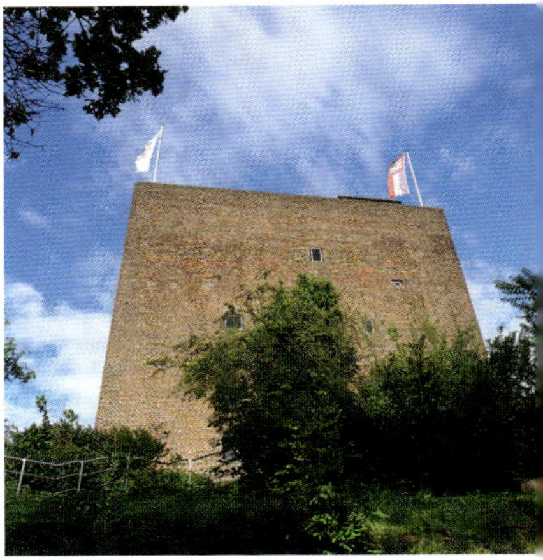

Der mächtige Bergfried

Nachdem hier vermutlich bereits ein Römerlager existierte, gibt es Belege dafür, dass Burg und Land im Jahr 1020 als Schenkung des Kaisers Heinrich II. an Gerardus von Antoing gingen, den ersten Herren von Wassenberg. Das Grafenhaus Wassenberg erweiterte laufend seine Besitztümer und gründete in der 4. Generation das Grafentum Geldern. Die St.-Georgs-Basilika und das zugehörige Stift gehen auf eine Schenkung des ersten Geldener Grafen Gerhard III. an seine Heimatstadt nach seiner Rückkehr von den Kreuzzügen zurück. Seine Schwester verband sich durch Heirat mit dem Haus Limburg, das nun die Herren von Wassenberg stellte. Durch Verwicklungen in die Konflikte zwischen Staufern und Welfen kam es 1206 in Wassenberg zur sogenannten „Kaiserschlacht“. Erb- und Thronfolgestreitigkeiten führten im 13. Jahr-

Tipp

Altstadtrundweg

Bemerkenswert ist, dass große Teile der Stadtmauer noch erhalten sind. Folgen wir dem gut ausgeschilderten Historischen Altstadtrundweg (der Plan kann im Internet heruntergeladen werden, Informationstafeln und Plaketten weisen vor Ort auf die Sehenswürdigkeiten hin), so erwandern wir uns an 23 Stationen einen Teil der wechselvollen Wassenberger Geschichte – und die hat es in sich!
www.wassenberg.de/besucher/freizeitangebote/historischer-altstadtrundweg/

In der Nähe

Naturpark Maas-Schwalm-Nette mit Premium-Wanderweg „Birgeler Urwald“ (www.wa-wa-we.eu)
Wallfahrtskapelle „Birgelener Pützchen“
Parkbad Wassenberg (www.parkbad-wassenberg.de)

hundert gleich zweimal dazu, dass Wassenberg erobert, geplündert und verwüstet wurde. Südöstlich der Burg befindet sich neben der Stadtmauer auf einer Stele ein steinerner Zeitzeuge: ein 2012 entdeckter Katapultstein als lebendige Erinnerung an die wiederholten Belagerungen. Die heute sichtbaren Teile der Höhenburg und der Wehranlagen sowie der Kirchturm wurden um 1420 erbaut. Gekrönte Häupter wie Kaiser Maximilian II. und Kaiser Karl V. wurden auf Burg Wassenberg empfangen. Um 1740 wurde die untere Burg nach Südwesten erweitert. Nachdem sie nach dem Wiener Kongress 1815 privatisiert wurde, diente sie bereits vor 200 Jahren als Restaurant, und auch heute ist Essen in der Burg mit Aussicht über das Land eines der Privilegien, die Wassenberg seinen Besuchern zu bieten hat.

Lieblings- und Glücksorte

Ein Lieblingsort neben dem Bergfried, in dem die Gedanken fliegen lernen, ist der Park an der Stadtmauer mit dem Gondelweiher, den alten Wehrtürmen und Küsters Garten auf dem Weg zur hübschen St. Georgskirche, in dem wir sogar einen Riesenmammutbaum mit einem Umfang von etwa 6 m (Durchmesser 2,01 m) und einer Höhe von über 30 m vorfinden. Das Wasser des Weihers glitzert in der Abendsonne. Hier kann die Seele baumeln.

Übernachtung & Gastronomie

Hotel-Restaurant Burg Wassenberg, Auf dem Burgberg 1, 41849 Wassenberg (www.burg-wassenberg.de)

Ein Traum aus Stein und Fachwerk

Liedberg

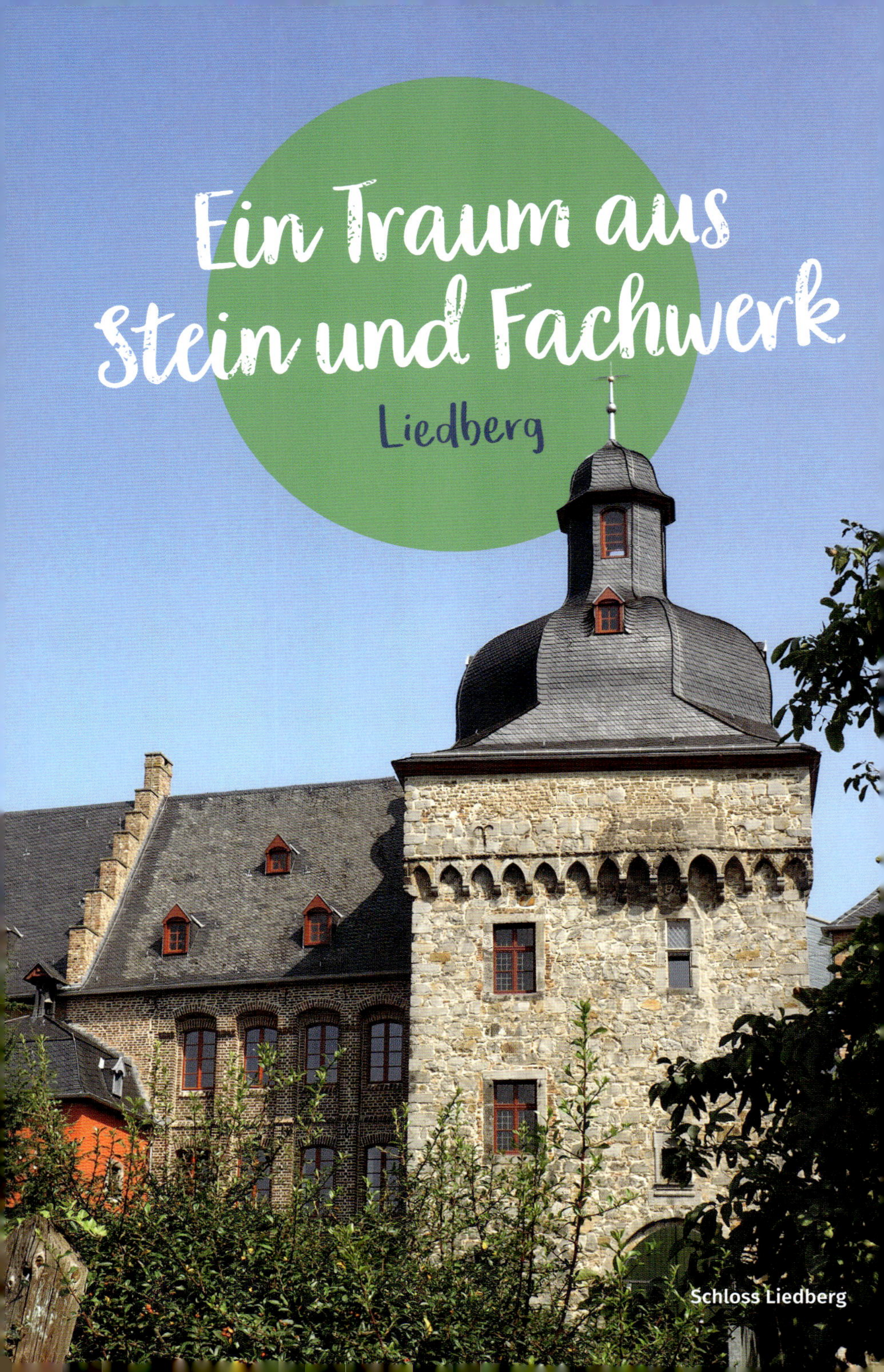

Schloss Liedberg

Das Gesicht des Niederrheins ist unglaublich vielseitig! Nirgendwo zeigt sich dies deutlicher als in dem Dorf Liedberg bei Korschenbroich. Es beginnt schon damit, dass es auf einer gleichnamigen Quarzitkuppe gelegen ist, die bereits von den Römern als Steinbruch genutzt wurde. Mindestens 200 römische Behausungen wurden aus dem Liedberger Sandstein errichtet, etliche Skulpturen und Sarkophage daraus hergestellt. Er eignete sich zudem hervorragend zur Glasherstellung und wurde noch bis ins 19. Jahrhundert abgebaut.

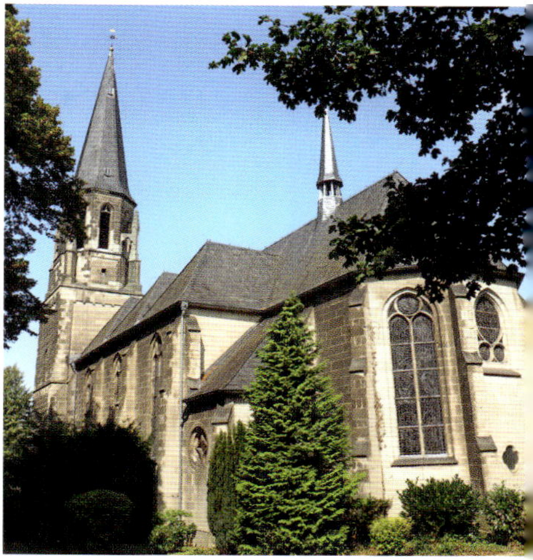

Pfarrkirche St. Georg

13

Anreise Pkw/Parkplatz:
Parkplatz Steinhauser Weg (GPS 51° 9‘52.50“N, 6°32‘22.05“E)

Anreise mit ÖPNV:
Buslinien 031, 864, BBK, Haltestelle „Liedberg Kirche“

www.heimatverein-liedberg.de
www.schloss-liedberg.de

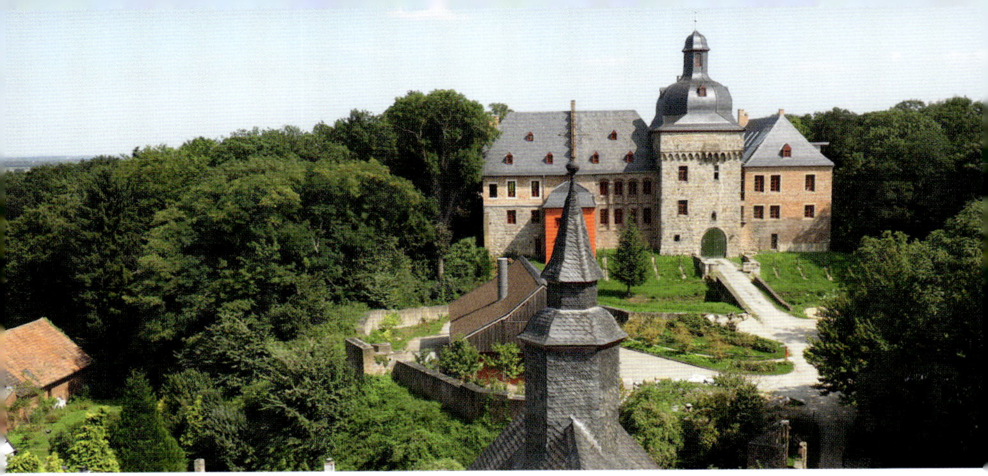

Schloss Liedberg vom Mühlenturm gesehen

Besiedelungsspuren gehen bis in die Altsteinzeit zurück, und neben den Römern lebte auch der keltische Stamm der Eburonen in dieser Gegend. Im Wald auf der Westseite des Liedbergs befinden sich Spuren, die Wissenschaftlern Rätsel aufgeben: die „Römerwacht“. Das kreisförmige Plateau besitzt einen Durchmesser von 32 Meter und ist von einem zehn Meter breiten und etwa vier bis fünf Meter tiefen Graben umgeben. Der Eingang ist nach Nordosten ausgerichtet, und 1924 Löcher im Erdboden lassen auf Palisaden schließen. Es könnte sich um einen römischen Signalturm oder eine mittelalterliche Burgmotte gehandelt haben. Neueste Erkenntnisse weisen aber darauf hin, dass es sich um ein „Henge Monument“ aus Holz oder Stein, also eine keltische Kultstätte, vergleichbar mit Stonehenge, gehandelt haben könnte.

Tipp

Veranstaltungen

In Liedberg finden rund ums Jahr besondere Veranstaltungen statt: beispielsweise ein Seifenkistenrennen im Juni, ein stimmungsvoller Weihnachtsmarkt und das alle zwei Jahre stattfindende „AvantGarten“ mit „Zukunftsmusik“ im Sandbauernhof. Das Schützen- und Heimatfest „Unges Pengste“ im benachbarten Korschenbroich erfreut sich überregionaler Bekanntheit.

Info

Der weite Blick vom Mühlenturm

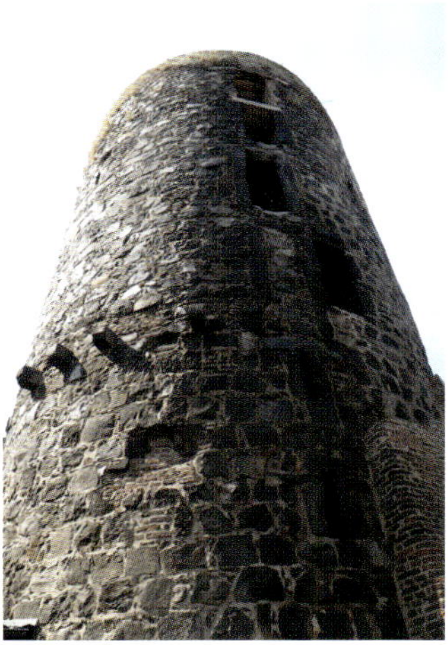

Gegen einen Einwurf von 50 ct am Drehkreuz können wir ihn besteigen und die bis zu 1,9 m dicken Wände bewundern. Oben angekommen schlägt das Herz nicht nur wegen der Treppe höher, sondern wir werden mit einem grandiosen Blick über das weite Land, die Ortschaft, die Liedberger Kapelle und das Schloss belohnt! Höhenburgen haben am Niederrhein Seltenheitswert – dies ist eine davon. (Für alle Neugierigen: Bei den anderen handelt es sich um die Schwanenburg und Burg Wassenberg.).

Denkmalgeschützter Ortskern

Doch auch das, was deutlicher sichtbar ist, ist alt genug und äußerst besonders! Liedberg liegt an der Bundesstraße zwischen Rheydt und Neuss, mit einem geräumigen Besucherparkplatz im Westen des Örtchens. Von dort fällt der Blick zunächst auf die gotische Pfarrkirche St. Georg, die an sich schon ein Blickfang ist. Noch viel bezaubernder entlädt sich der Charme der Ortschaft, wenn die ersten Fachwerkhäuser sichtbar werden! Der gesamte Ortskern steht unter Denkmalschutz und besteht fast ausschließlich aus Backstein- und Fachwerkhäusern aus dem 18. Jahrhundert. Über all dem thronen zwei Bauwerke, zwischen denen ein

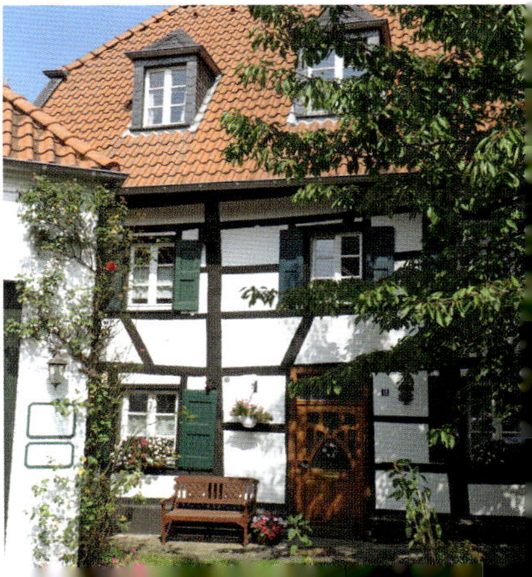

Fachwerkbau

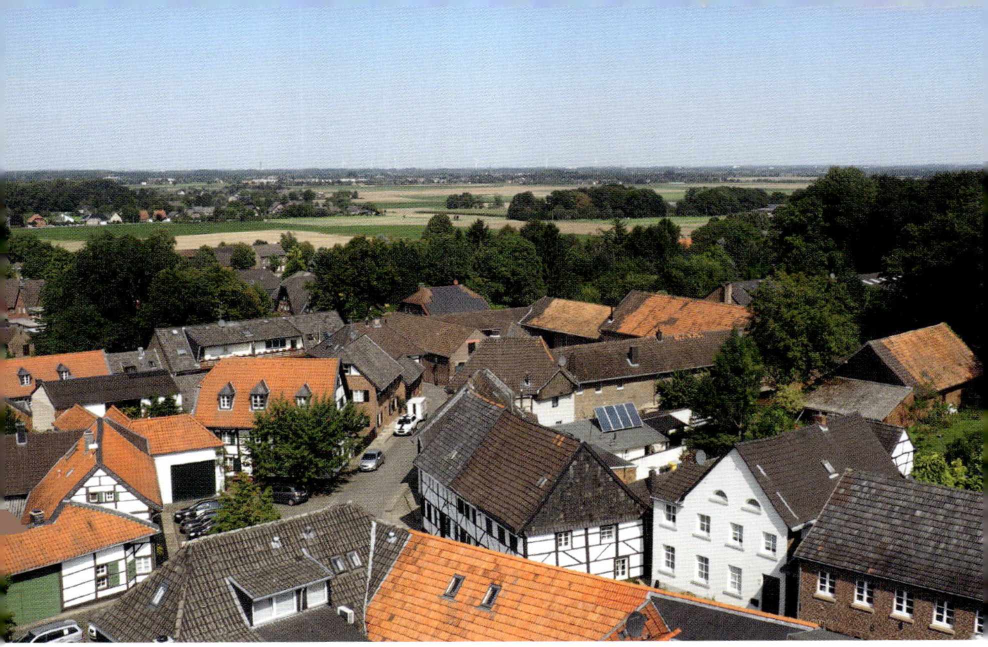

Aussicht vom Mühlenturm

Info

Das Pfadfindergrab

Neben dem Schloss führt ein kleiner Pfad zu einer Gedenkstätte – dem Pfadfindergrab. Im Jahr 1930 feierten 16 Mitglieder der Düsseldorfer Pfadfindergruppe „Schinderhannes“ dort eine Sonnwendfeier. Dabei erkundeten sie die unterirdischen Stollen des Steinbruchs und entfernten sich durch den „Piratensaal“ genannten Gang etwa 800 m vom Eingang. Beim Vergraben einer Urkunde in einer Wand lösten sie einen Felssturz aus. Die Decke der Höhle stürzte ein und begrub vier Jugendliche unter sich. Ein Kamerad konnte noch herausgezogen werden, für die übrigen drei bedeutete der Abenteuerausflug den Tod. An sie erinnert eine Gedenkstätte am Stolleneingang.

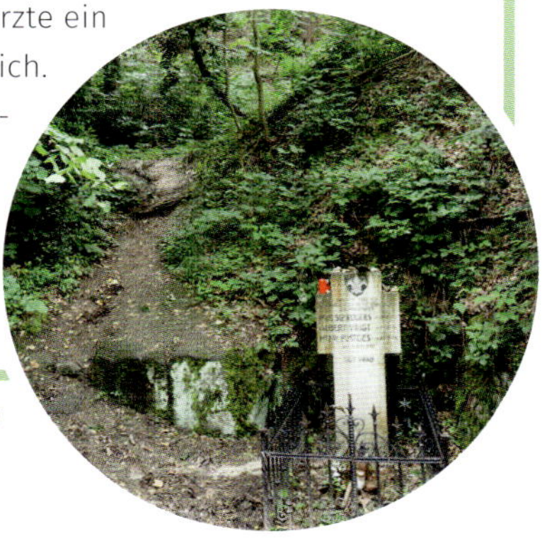

Das Pfadfindergrab

Zusammenhang besteht: Das liebevoll restaurierte Schloss Liedberg als kurkölnische Landesburg, deren Bau im 13. Jahrhundert begann, und der 19,42 m hohe Mühlenturm, der vermutlich als befestigter Bergfried (Wehr- und Wohnturm) zum Vorgängerbau gehörte und mindestens auf das 12. Jahrhundert zurückgeht. Er wurde später als Mühle genutzt, bis im 19. Jahrhundert ein Sturmschaden dieser Verwendung ein Ende bereitete.

Fachwerk, so weit das Auge reicht

Der Rückweg zum Parkplatz führt an einer besonderen Hofanlage aus Fachwerk vorbei: dem Sandbauernhof, der auch als Veranstaltungsort genutzt wird. Schräg gegenüber befindet sich das Alte Brauhaus, die Gaststätte Vennen, das nicht nur wunderschön anzusehen ist, sondern auch in der ersten Staffel der Serie „Mord mit Aussicht" als Kulisse für den Gasthof Aubach diente.

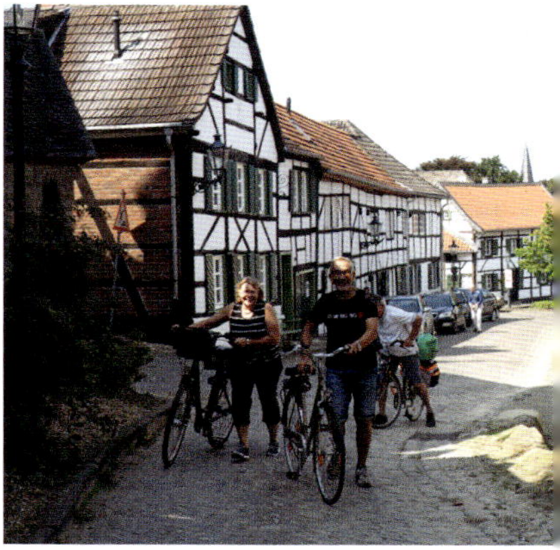

Schloßstraße

Liedberg ist ein idyllischer, sagenumwobener, märchenhafter Ort, den man unbedingt gesehen haben sollte!

Gastronomie

Im alten Brauhaus Gaststätte Vennen, Am Markt 5, 41352 Korschenbroich (www.im-alten-brauhaus.de)

In der Nähe

Schloss Dyck, Jüchen (www.stiftung-schloss-dyck.de)
Schloss Rheydt, MG-Rheydt (https://schlossrheydt.de/)
Asia-Therme Wellness Spa, Kleinenbroich (www.asiatherme.de)
Privatbrauerei Bolten, Korschenbroich (www.bolten-brauerei.de)

Mittelalterliche Zollfeste

Zons

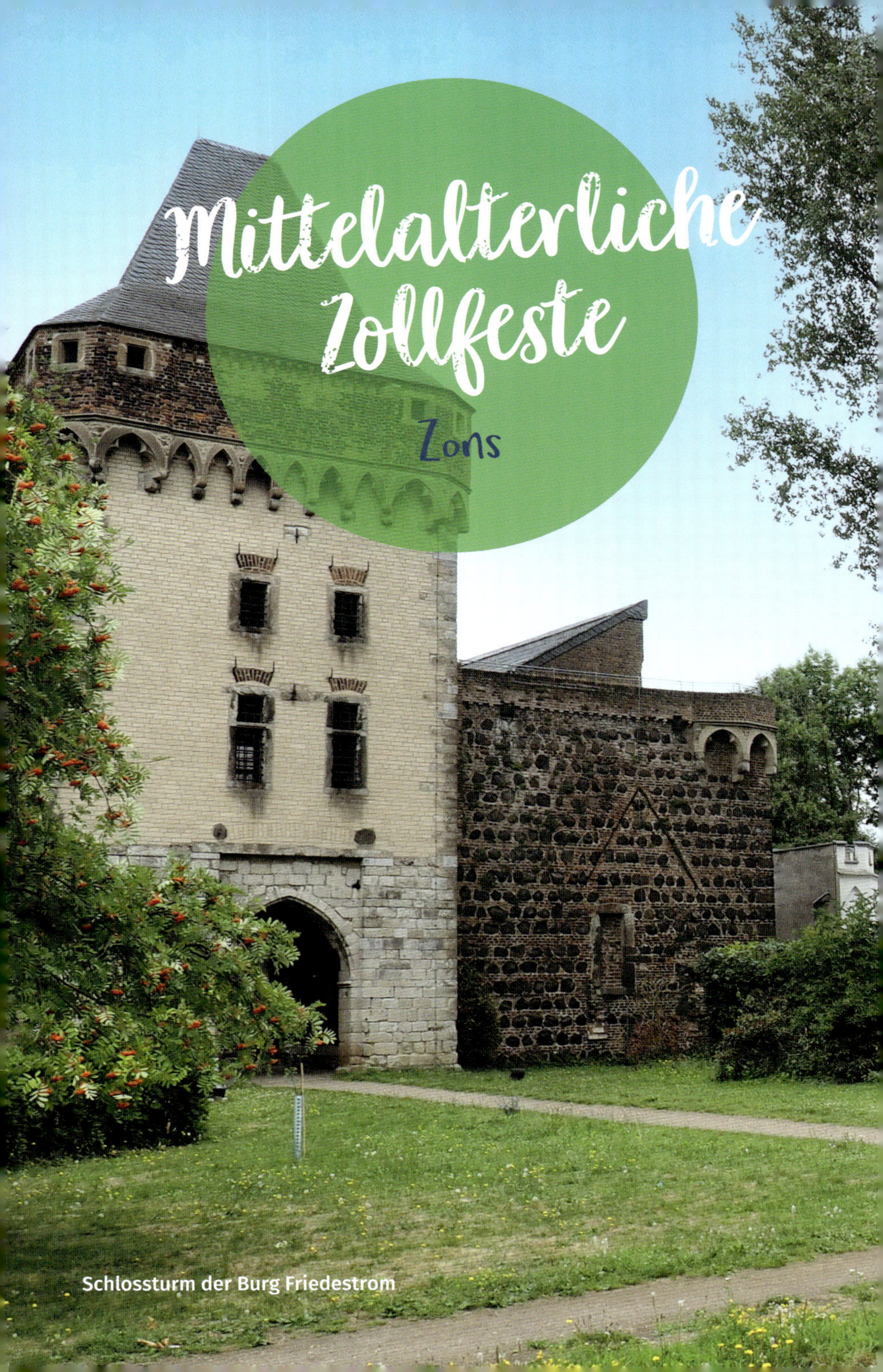

Schlossturm der Burg Friedestrom

Die alte Zollfeste Zons ist so atemberaubend mittelalterlich, dass es dem Besucher fast die Sprache verschlägt. Einmal kneifen hilft dabei, zu realisieren, dass es sich nicht um eine Filmkulisse handelt, sondern um eine echte Stadt mit Einwohnern. Allgemein wird sie als „Rothenburg des Rheinlands“ betitelt. Sie liegt im Süden des Rhein-Kreises Neuss und somit auch im äußersten Süden des Niederrheins, nur knapp nördlich von Köln, direkt am Rhein, und wurde der Stadt Dormagen eingemeindet.

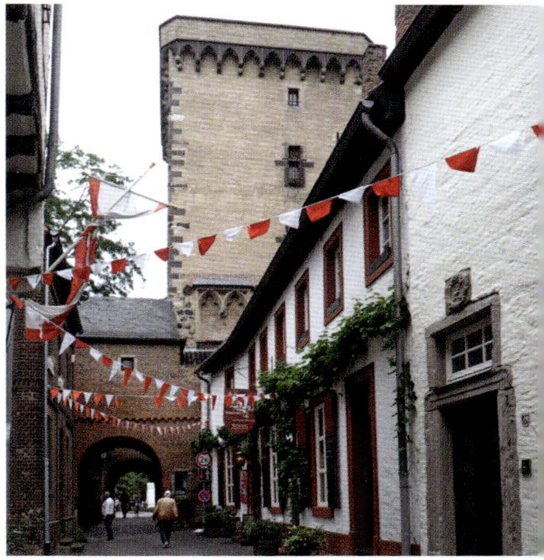

Rheinstraße am Rheintor

14

Anreise Pkw/Parkplatz:
an der Wiesenstraße (GPS 51° 7‘8.52“N, 6°50‘52.09“E)
vor dem Rheintor am Herrenweg
(GPS 51° 7‘25.60“N, 6°51‘4.84“E)

Anreise mit ÖPNV:
Linien 875, 880, 886, 887, NE2, WE2,
Haltestelle „Dormagen Schlossstraße“

www.hvv-zons.de
www.zons-am-rhein.info
www.dormagen.de

Die Befestigungsanlage stammt aus dem 14. Jahrhundert. Die alte Stadtmauer ist noch vollständig erhalten, ebenso mehrere Türme und ein Teil der alten kurkölnischen Landesburg Friedestrom. All dies kann betreten, begangen und angefasst werden. Zum Schützenfest sind die Straßen stimmungsvoll geschmückt, und mehrmals im Jahr finden mittelalterliche Feste statt: Der „Sturm auf Zons", die „lebende Krippe" zur Weihnachtszeit, ein Nikolausmarkt, der Ostereiermarkt, der Matthäusmarkt und vor allem die von Juni bis September andauernden Märchenspiele auf der Freilichtbühne im „Zwinger" am Schlosstor im Süden der Feste. Nur wenige Meter weiter mutet der Torturm der Burg („Schlossturm") mit seinen bis zu 1,70 Meter dicken Mauern an wie ein Portal in eine mittelalterliche Welt. Im Inneren der Stadtmauer (mit Blick auf die Rheinwiesen) führt die Rheinstraße zum Rheintor im Norden mit dem Rheinturm und dem benachbarten Zollhaus, vorbei an zwei „Pfefferbüchsen" genannten Türmchen, in denen noch Anfang des 20. Jahrhunderts Gefangene festgehalten wurden. Auch der Juddeturm mit seinem 11 m tiefen Verlies und der Krötschenturm im Nordwesten dienten derartigen Zwecken. Die Windmühle an der südwestlichen Ecke der Festung bestand bereits im 15. Jahrhundert und wurde später in eine Holländer-Windmühle umgebaut. Heute enthält sie ein Mühlenmuseum mit gut erhaltenem Mahlwerk.

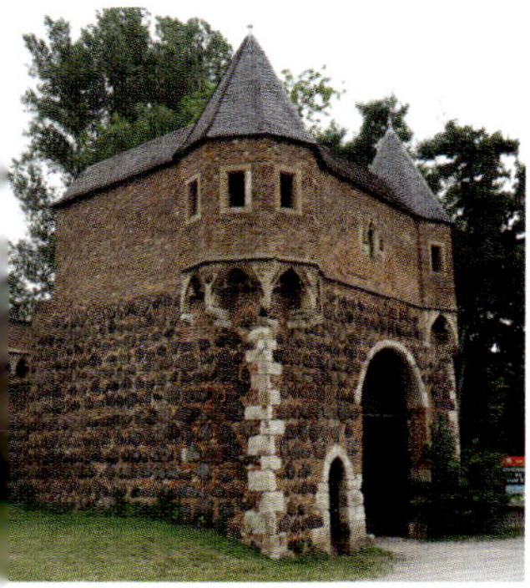

Schlosstor im Süden der Burg Friedestrom

Museum

Kreismuseum Zons/Internationales Mundartarchiv Ludwig Soumagne

Im barocken Herrenhaus befindet sich sowohl die größte Jugendstil-Zinnsammlung Europas als auch Wandbehänge und textile Arbeiten sowie eine Madonna aus dem Jahr 1400. Daneben werden hier mundartliche und geschichtliche Zeitzeugnisse aufbewahrt.

Schloßstraße 1, 41541 Dormagen (www.rhein-kreis-neuss.de)

Lebendige Geschichte(n)

Museen und Erlebnisgastronomie in historischen Gebäuden und düsteren Katakomben vervollkommnen das historische Gesamtkunstwerk. Jedes Gebäude erzählt Geschichte(n), und selbst der Brunnen vor den Resten des Feldtores berichtet von der „Schweinefehde“ im Jahr 1577, als die Soldaten des Kölner Erzbischofs die Zonser Schweineherde mit 50 Tieren konfiszierten. Hochwasser, drei Stadtbrände, die Pest, Belagerungen und Eroberungen ... All dies wird in den engen Gassen, vor den alten Gebäuden und unter den Bögen der alten Tore spürbar und weckt sprachloses Staunen.

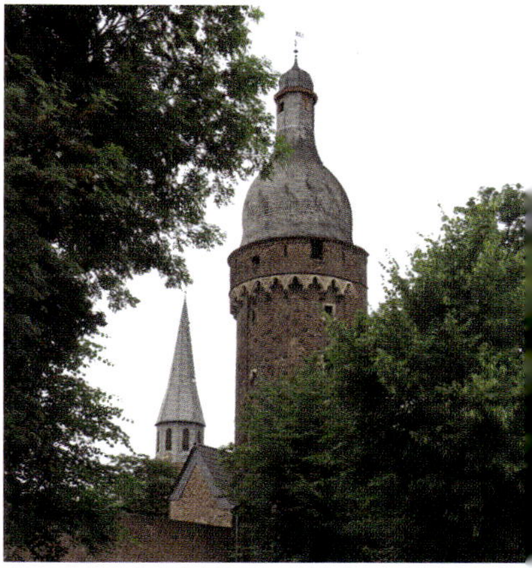

Juddeturm, das ehemalige Verlies von Zons

Gastronomie

Erlebnisgastronomie Schlossdestille, Mauerstraße 26a, 41541 Dormagen-Zons (www.schlossdestille.de)

In der Nähe

Kloster Knechtsteden (www.kloster-knechtsteden.de)
Römerkeller Gemeindezentrum St. Michael (www.geschichtsverein-dormagen.de/römerkeller)
Internationales Phono- und Radiomuseum (www.grammofon.de/museum/)
Rheinfähre Zons (www.faehre-zons.de)
Kulturzentrum Sinsteden des Rhein-Kreises Neuss in Rommerskirchen (www.rhein-kreis-neuss.de)
Feldmuseum Oekoven e.V./Gillbachbahn (www.gillbachbahn.de)

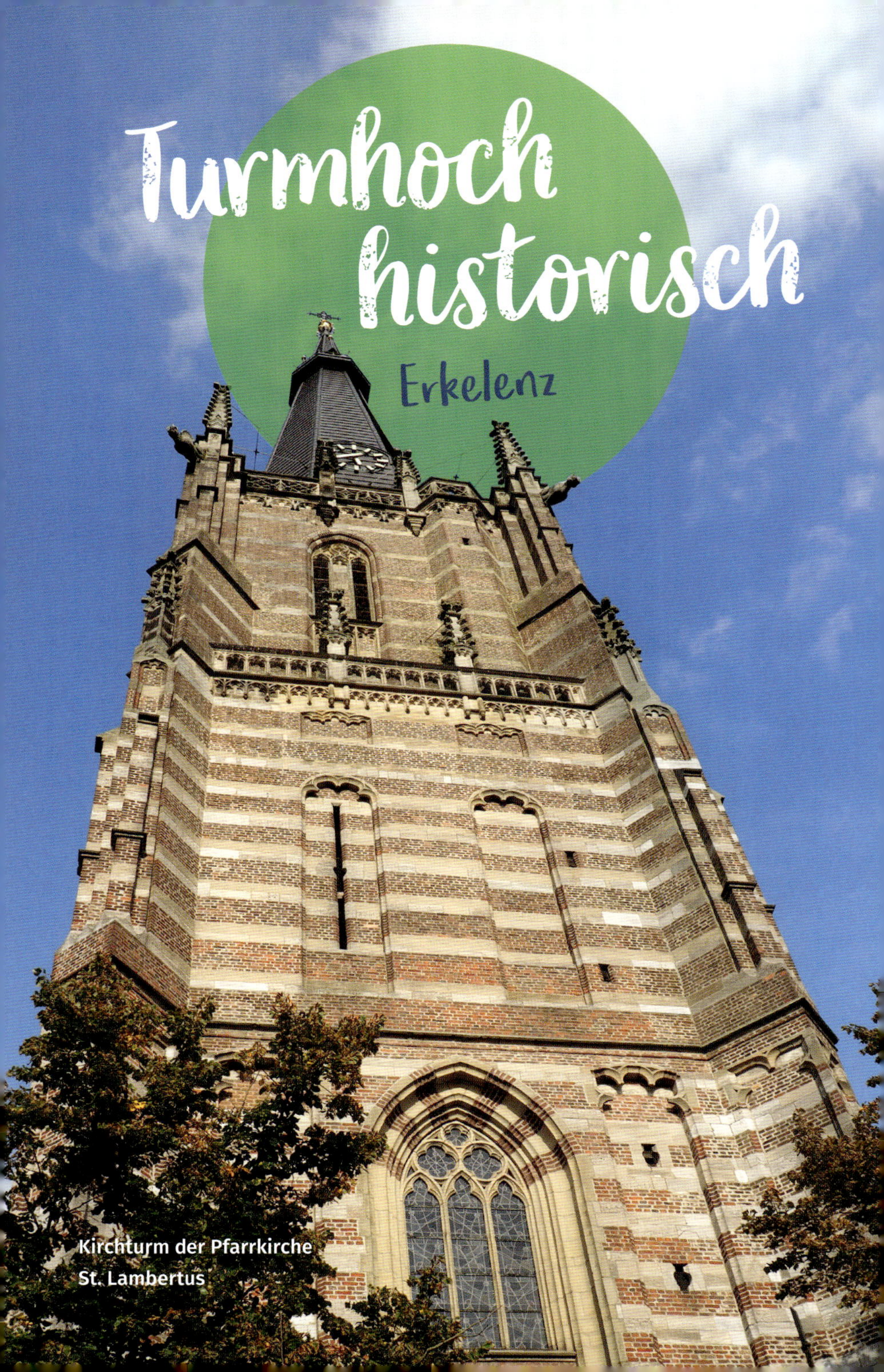

Kirchturm der Pfarrkirche
St. Lambertus

Schon von weitem zieht der 83 m hohe Turm der Pfarrkirche St. Lambertus die Blicke auf sich und lockt uns in die historische Innenstadt. Erkelenz kann auf eine extrem lange Geschichte zurückblicken. Bei Erkelenz-Kückhoven gab es bereits spektakuläre Funde aus der Jungsteinzeit um 5000 v. Chr. Im Stadtgebiet selbst finden sich Siedlungsspuren aus der römisch-fränkischen Zeit. Bereits 966 wurde Erkelenz urkundlich erwähnt, die Stadtrechte erhielt es 1326. Heute leben hier 43.000 Einwohner. Einige Ortschaften und damit auch ein Teil der geschichtlichen Spuren wurden durch den Braunkohle-Tagebau Garzweiler II verdrängt.

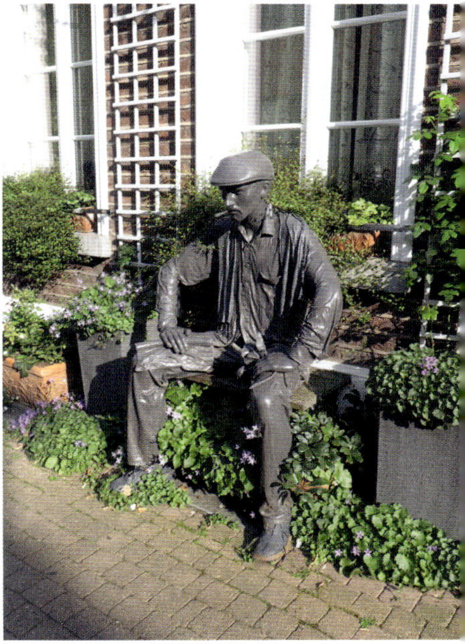

15

Anreise Pkw/Parkplatz:
Dr.-Josef-Hahn-Platz (GPS 51° 4‘54.45“N, 6°19‘0.24“E)

Anreise mit ÖPNV:
Buslinien 401, 405, 412, 418, EK4, SB1, SB8, Haltestelle „Erkelenz Burg“

www.erkelenz.de

Im Norden des historischen Stadtkerns befinden sich gleich mehrere Relikte, die eindrucksvoll die Wehrhaftigkeit der Stadt demonstrieren: Teile der alten Stadtmauer, die ab 1355 erbaut wurde. In mehreren Ausbaustufen erhielt die Stadtfestung 4 Tore, 15 Türme und 2 durch einen Wall getrennte Wassergräben sowie überdachte Wehrgänge. 1674 wurde sie während der Eroberungskriege durch Ludwig XIV zerstört und die verbliebenen Ruinen 1817/18 weitgehend zurückgebaut. Besonders eindrucksvoll sind die Reste der Geldrischen Landesburg, die 1377 erstmals erwähnt und um 1500 vollständig umgebaut wurde. Heute dienen sie als Veranstaltungsort. Der restaurierte quadratische, 24 m hohe Bergfried mit den 13 m langen Seitenwänden wirkt heute noch wuchtig, aber seine Wirkung in der Vergangenheit ist schon dadurch belegt, dass er lange Zeit „Hexenturm" genannt wurde. Sein Untergeschoss soll als Folterkeller genutzt worden sein. Der benachbarte Wolfsturm konnte nur von oben durch ein Loch von 70 cm Durchmesser betreten werden und diente als Burggefängnis.

Historischer Stadtkern

Der Stadtkern lockt mit alten Gebäuden und historischen Straßenzügen. Die Häuser stammen teilweise aus der Zeit nach dem großen Stadtbrand 1540. 1546 wurde das „Alte Rathaus" erbaut, das erste

Museum

Rheinisches Feuerwehr-Museum Lövenich

Große und kleine Herzen schlagen höher, wenn das Museum am Wochenende seine Tore öffnet und die verschiedensten Feuerwehr-Oldtimer, Handdruckspritzen, Drehleitern und Requisiten aus der Zeit ab dem 16. Jahrhundert präsentiert. Mit einer Spielecke und einer Cafeteria zeigt sich das Museum besonders familienfreundlich.
Hauptstraße 23, 41812 Erkelenz
(www.rheinisches-feuerwehrmuseum.de)

In der Nähe

Erkelenzer Senf & Gewürzwerkstatt (www.erkelenz-senf-und-gewuerze.de)
ERKA-Bad Erkelenz (www.erka-bad.de)
Ultraleicht-Flugzentrum ULG Erkelenz e.V. (www.ulerk.de)
Feldmuseum Oekoven e.V./Gillbachbahn (www.gillbachbahn.de)

steinerne Rathaus der Stadt und heute noch ein Augenschmaus mit seinen Arkadengängen und der strahlend weißen Fassade. Unter den Arkaden fand seinerzeit eine Markthalle Platz, während der restliche Bau sowohl einen Ratssaal als auch Veranstaltungsräumlichkeiten beherbergte und zudem noch als Getreidespeicher und repräsentativen Zwecken und nach späteren Umbauten sogar als Stadtgefängnis diente. Eine eierlegende Wollmilchsau sozusagen, deren Anblick heute noch Freude bereitet.

Hoch über allem und zugleich im Herzen der Innenstadt thront der Turm von St. Lambertus, umringt vom lebhaften Treiben auf dem historischen Markt. Während das zerstörte Kirchenschiff nach dem Zweiten Weltkrieg als Neubau im romanisierenden Stil wiederaufgebaut wurde, schickt uns der 83 m hohe Westturm auf eine Zeitreise in die Spätgotik. Er ist ein atemberaubendes Beispiel niederländisch-maasländischer Architektur und stammt aus dem Jahr 1458.

Ein beschilderter historischer Stadtrundgang verbindet all diese Relikte der aufregenden Stadtgeschichte und lädt zum Erkunden und „Zeitreisen“ ein.

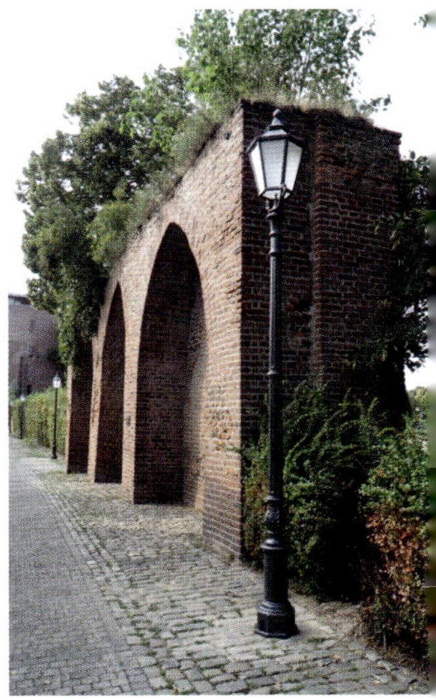

Alte Stadtmauer

Gastronomie

Klostercafé Haus Hohenbusch, 41812 Erkelenz
(www.klostercafe-hohenbusch.de)

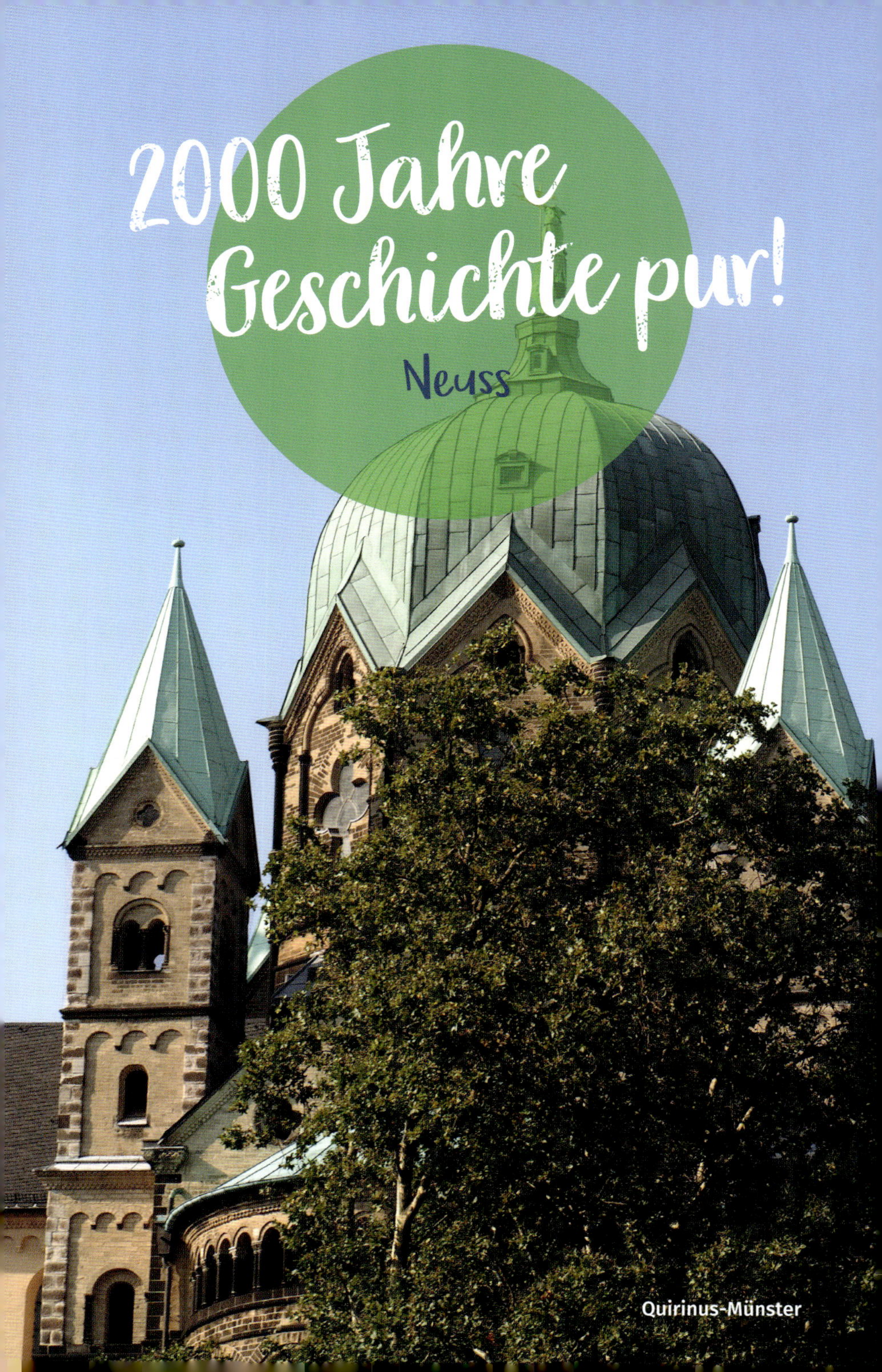
2000 Jahre
Geschichte pur!
Neuss
Quirinus-Münster

Auf der linken Rheinseite, „gegenüber" der Stadt Düsseldorf, befindet sich Neuss, eine der ältesten und vor allem geschichtsträchtigsten Städte am Niederrhein. Dass dies so ist, eröffnet sich dem ahnungslosen Besucher spätestens beim Anblick des wuchtigen Obertors oder der Türme des Quirinus-Münsters, die den Eindruck erwecken, in der „ewigen Stadt" angekommen zu sein. Doch das ist nur der Anfang: Bereits vor 6000 Jahren siedelten Menschen im Raum Neuss. Um 16 v. Chr. entstand nahe der Mündung der Erft in den Rhein ein Militärlager namens „Novaesium" – eine der drei ältesten römischen Ansiedelungen in Deutschland.

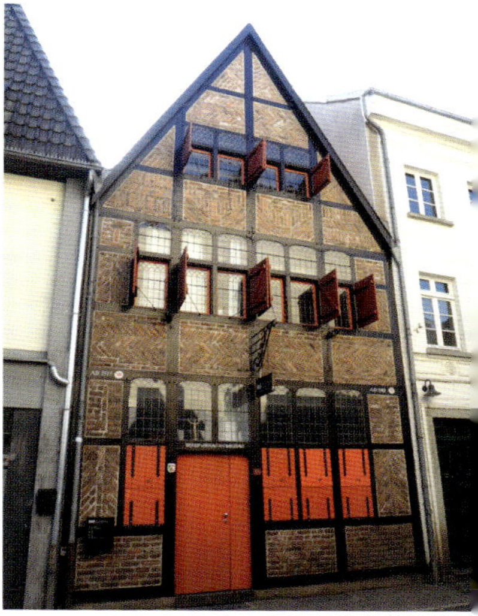

Ältestes Haus

16

Anreise Pkw/Parkplatz:
Wendersplatz: Navi Hammer Landstraße
(GPS 51° 11'54.57"N, 6° 41'48.51"E)
Parkhaus Tranktor: Trankgasse 1 (GPS 51° 11'46.38"N, 6° 41'51.11"E)

Anreise mit ÖPNV:
Trambahn 709, Haltestelle „Neuss Markt"
NE4 + über 30 weitere Buslinien,
Haltestelle „Neuss Landestheater"

www.neuss.de
www.neuss-marketing.de

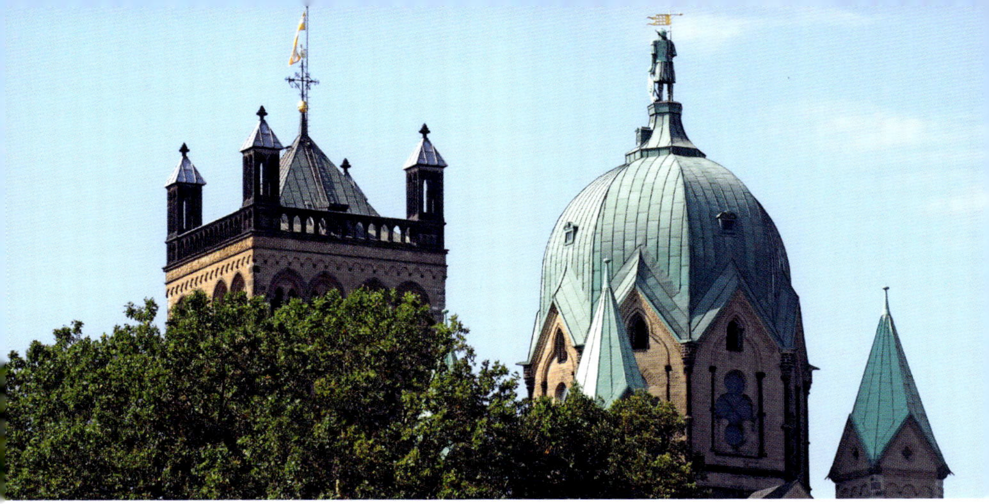

Kuppeln und Türme des Quirinus-Münsters

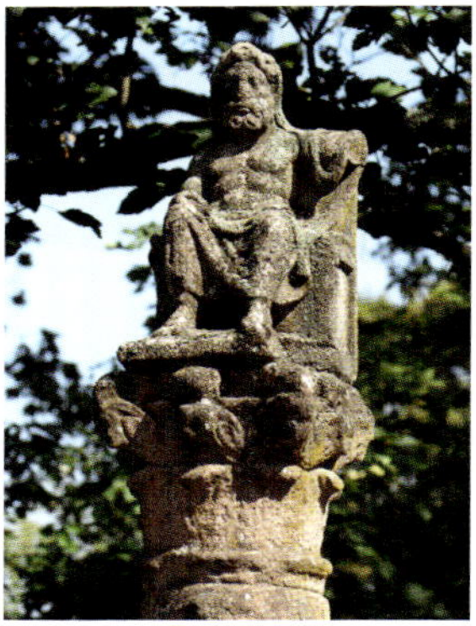

Jupitersäule
(Kopie, 3. Jh. n. Chr.)

Weiter nördlich, auf dem Gebiet der heutigen Altstadt, entstand eine zivile Siedlung, die vor allem von Handwerkern, Händlern und Familien bewohnt wurde. Überfälle der Franken, Hungersnöte und die Pest führten ab dem 3. Jahrhundert zu einem Rückzug der Römer. Die Franken übernahmen das Gebiet und verwendeten bei der Besiedelung die römischen Bauten als Steinbruch. Hafen und Fähre begünstigten ein weiteres Wachstum der Stadt, die 863 und 881 von den Normannen überfallen wurde. Bereits zu karolingischer Zeit existierte am Standort des Quirinus-Münsters eine Kirche, die um 950 Teil eines Benediktinerinnenklosters wurde. Mit der Ankunft der Gebeine des Märtyrers und Tribun Quirinus in Neuss wurde die Stadt zum Ziel von Wallfahrern aus aller Herren Länder. Der Handel mit Wein, Getreide und Vieh florierte, ein Markt bestand bereits im Jahr 1138, und 1190 erhielt Neuss die Stadtrechte. Zollvergünstigungen, die Zugehörigkeit zur Hanse und das Münzrecht förderten den Fernhandel und führten dazu, dass die Stadt im späten Mittelalter zu einem florierenden Umschlagplatz für Wolle und Leinen, Brauereiprodukte,

Honigkuchen und Lederwaren wurde. Lediglich die Verstrickung in verschiedene kriegerische Auseinandersetzungen konnte die rasante Entwicklung stoppen. Ein großer Stadtbrand 1586 vernichtete zwei Drittel der Gebäude, Steuern und Schulden ließen die Wirtschaftskraft versiegen. Erst im 19. Jahrhundert gewann Neuss durch den Ausbau der Infrastruktur auf der Schiene und auf dem Wasser sowie durch die Textil- und Ölindustrie wieder an Bedeutung. 1861 wurde auf den Rheinwiesen Deutschlands erste Sauerkrautfabrik gegründet. Heute ist das Stadtgebiet stolze 100 km² groß, und gut 150.000 Einwohner sind hier zuhause. Als Kreisstadt des Rhein-Kreises ist Neuss zugleich die größte kreisangehörige Stadt Deutschlands.

Info

Räuberhauptmann Mathias Weber

Früh verwaist, lebte der spätere Räuber während seiner Kindheit und Jugend als Holzknecht auf Haus Neersdonk, bis er entlassen wurde und eine Weile in der französischen Armee diente. Schließlich desertierte er und schloss sich einer Räuberbande an. Seine Art zu kämpfen brachte ihm den Beinamen „Der Fetzer" ein. 1796 hatte er bereits zweimal das Neusser Rathaus ausgeraubt. Er wurde gefasst und in den Windmühlenturm gesperrt. Durch einen Sprung aus 7 m Höhe gelang ihm die Flucht. Die waghalsigen und äußerst lukrativen gewaltsamen Überfälle der ständig wachsenden Räuberbande sorgten dafür, dass Weber in Preußen, Hessen und von den Franzosen gesucht wurde. Er galt als „Anführer und Mitglied der Crevelder, Neußer, Niederländischen und Westphälischen Räuberbande" und brachte es mit seinem zweifelhaften Ruhm immerhin so weit, dass ihm etliche Balladen und Bücher gewidmet wurden. Sein Postraub im Jahr 1799, bei dem er 13.000 Reichstaler erbeutete, gilt als legendär. Letztlich wurde er in Frankfurt gefasst und 1803 in Köln durch die Guillotine hingerichtet.

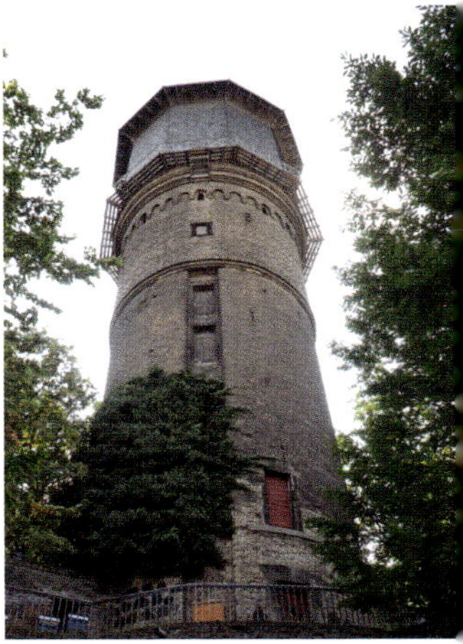

Museum

Pavillon Fossa Sanguinis

400 m westlich des römischen Hilfstruppenkastells, am heutigen Gepaplatz in der damaligen Neubausiedlung Gnadenthal, fanden sich bei Ausgrabungen zahlreiche Hinweise auf Kultstätten. 1956 wurde eine gemauerte Grube mit Lehmboden entdeckt, die als Kultkeller der Göttin Kybele gedeutet wurde – ein einzigartiger Fund nördlich der Alpen. Die Rede ist von Blutopfern, Blutgräben und Taufritualen. Bis heute sind die tatsächliche Verwendung und die Identität der verehrten Gottheit unklar; unstrittig ist jedoch, dass der Keller um 300 n. Chr. aus den Steinen abgebrochener römischer Bauten errichtet wurde und kultischen Zwecken diente. Über der Anlage wurde ein Pavillon errichtet, der nach Anmeldung kostenfrei besichtigt werden kann. Hochinteressante Schautafeln zu Heiligtümern und Kultgöttern, Kopien der vor Ort geborgenen Fundstücke und vor allem die Grube selbst vermitteln ein eindrucksvolles Bild des Lebens und der Riten der damaligen Zeit. Im Anschluss bietet sich ein Spaziergang auf dem Gelände des ehemaligen Militärlagers an. An der Kölner Straße (Ecke Humboldtstraße) beginnt ein historischer Rundgang von etwa 1,5 km Länge, an dem unter anderem Kopien von Grabsteinen und einer Jupitersäule ausgestellt sind und Infotafeln über die historischen Gegebenheiten Auskunft geben.

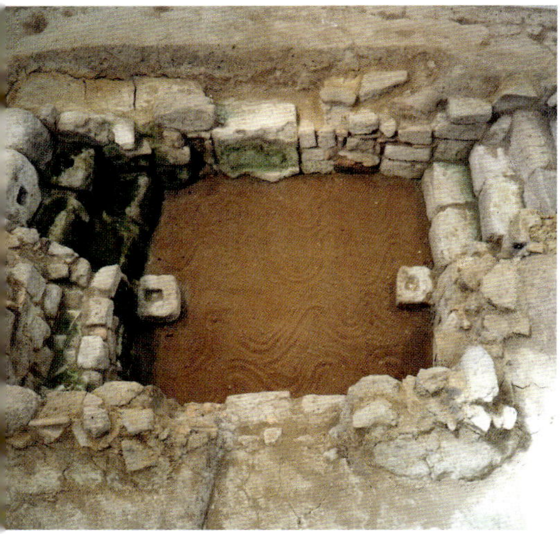

Gegaplatz, 41468 Neuss (www.clemens-sels-museum-neuss.de; www.novaesium.de/fossa.htm)

Schützenfest

Das Neusser Bürgerschützenfest am letzten Augustwochenende geht auf das Jahr 1823 zurück. Jährliche Wehr- und Schießübungen wurden jedoch bereits von der 1415 gegründeten Sebastianus-Bruderschaft durchgeführt. Es gilt als weltweit größtes Schützenfest, das von einem einzigen Verein ausgerichtet wird. Rund 7700 Schützen und etwa 1600 Musiker marschieren durch die geschmückte Stadt – eine prachtvolle Parade, die zusammen mit der zeitgleich stattfindenden Kirmes jährlich rund eine Million Zuschauer in die Stadt zieht.

Historischer Stadtrundgang

Neben geführten Touren gibt es den historischen Stadtrundgang zum Entdecken auf eigene Faust. Ausgehend vom Rathaus und dem Markt mit seinem Brunnen und der quirligen Gastronomie führt der Weg kreuz und quer durch die Altstadt zu den 44 wichtigsten Sehenswürdigkeiten. Weithin sichtbar thront das Quirinus-Münster über all der historischen Pracht und zieht die Blicke auf sich. Die spätromanische Emporenbasilika wurde 1209–1240 erbaut und besticht mit ihren Türmen und Kuppeln. Die Barockkuppel mit der Quirinusstatue erhielt die „Basilica Minor" jedoch erst nach einem Brand 1741. Gleich vor dem Westturm befindet sich am Münsterplatz das „Haus

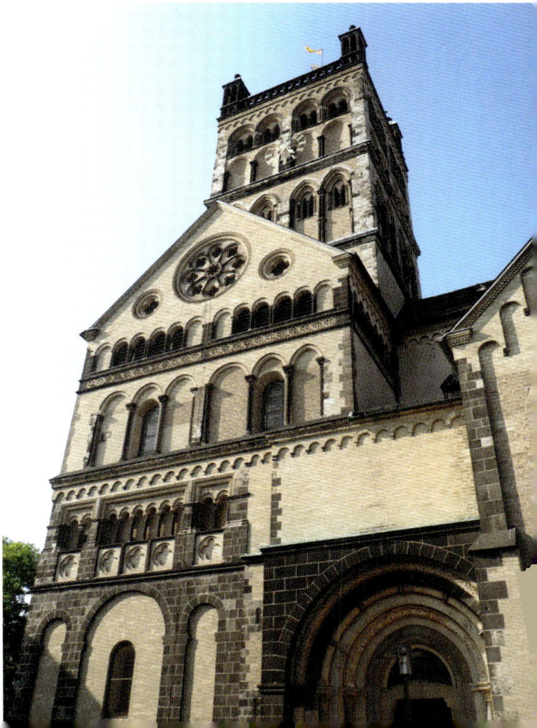

Quirinus-Münster

zu den Heiligen Drei Königen", das alte Vogthaus aus dem Jahr 1597 mit dem Schützenglockenspiel am Giebel, das heute ein Restaurant beherbergt. Das älteste erhaltene Haus in Neuss aus dem Jahr 1571 steht in der Michaelstraße, gegenüber der Einmündung Klarissenstraße. Das älteste Gasthaus, „Zvm schvatten Rosz" (auch „Em schwatte Päd" genannt) wurde 1603/04 erbaut. Doch es geht noch älter: Ebenfalls Teil des Rundgangs ist das RomaNEum. Im Erdgeschoss des Gebäudes kann frei zugänglich eine Ausgrabung besichtigt werden: Hier gibt es mittelalterliche Keller und die Fundamente eines römischen Gebäudes, aber auch Klostermauern aus dem 17. Jahrhundert und Fundamente einer Flakstellung aus dem Zweiten Weltkrieg zu bestaunen – dies alles selbstverständlich mit Erläuterung auf zahlreichen Infotafeln.

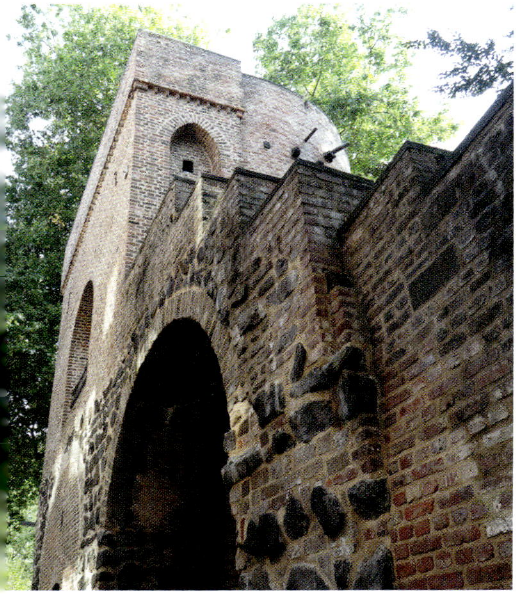

Blutturm

Info

Stolpersteine

In vielen Städten und Gemeinden erinnern sogenannte „Stolpersteine" – in den Straßenbelag eingelassene beschriftete kleine Gedenktafeln – an Opfer des Nationalsozialismus, die an dieser Stelle wohnten und verfolgt, vertrieben, deportiert oder ermordet wurden.

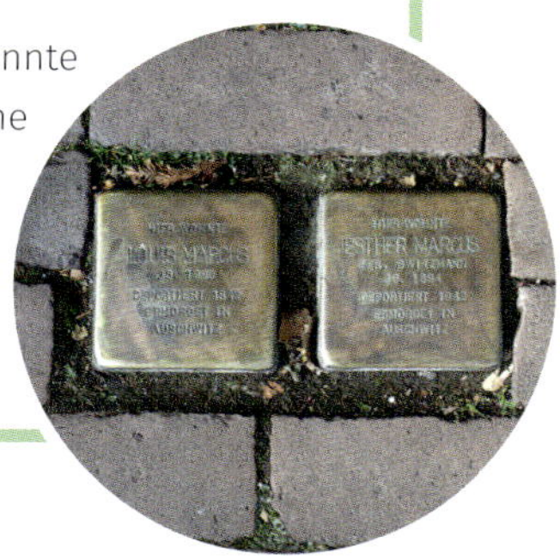

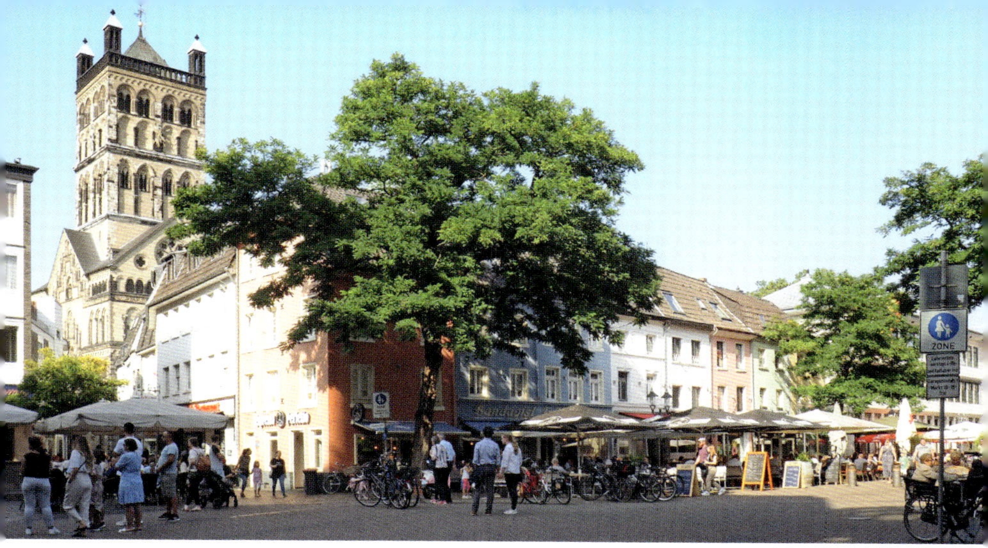

Markt

Herzerfreuend und eine Atempause für die Seele ist die Passage entlang des alten Stadtgrabens vom Hamtorplatz bis zum Obertor. Im Verlauf des Grüngürtels erinnert ein Denkmal an einen berühmten Sohn der Stadt: Thedor Schwann, der als Wegbereiter der modernen Biologie gilt. Vorbei an der Alten Post und dem Herz-Jesu-Kloster erreichen wir am früheren Standort der Synagoge ein steinernes Denkmal für die Opfer des Nationalsozialismus. Auch in der Stadt erinnern zahlreiche „Stolpersteine" an die dort wohnhaften Opfer des NS-Regimes, die seinerzeit den Tod fanden.

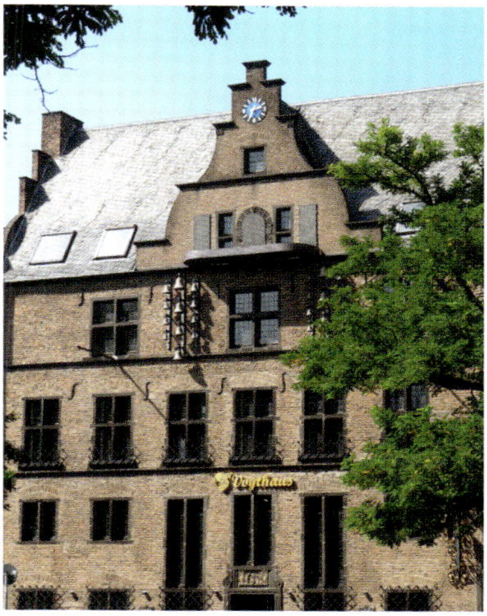

Vogthaus am Münsterplatz

Hinter dem ehemaligen Zolltor öffnet sich der Grüngürtel zu einem Park. Am malerischen Pizza-Türmchen eine Pizza zum Mitnehmen zu kaufen und sie auf einer Parkbank am Spielplatz zu Füßen des Blutturms zu verspeisen, ist Kult! Und das spannende Aussehen des

Museum

Clemens-Sels-Museum

Neben den Ausgrabungen an der oben genannten Kybele-Kultstätte am Gepaplatz und im RomanEUM in der Brückstraße umfasst die Ausstellung im Obertor und dem daneben gelegenen modernen Gebäude sowohl eine kunsthistorische Sammlung aus verschiedenen Epochen als auch eine archäologische Abteilung mit Exponaten zur Ur- und Frühgeschichte sowie zur jahrtausendealten Geschichte der Stadt Neuss.

Am Obertor, 41460 Neuss (www.clemens-sels-museum-neuss.de)

Weitere Museen:

Rheinisches Schützenmuseum Neuss (www.schuetzenfest-neuss.de)

Museumsinsel Hombroich (www.inselhombroich.de)

Blutturms verspricht nicht zu viel! Der einzige vollständig erhaltene Halbrundturm der mittelalterlichen Stadtbefestigung, pittoresk eingerahmt von Efeu und alten Bäumen, diente einst als Gefängnis und Folterkammer. Er stammt bereits aus dem 13. Jahrhundert. Der im Verlauf der Stadtmauer folgende Windmühlenturm setzt dem Ganzen noch die Krone auf: Er wurde zunächst als Windmühle genutzt und später zum Wasserturm umgebaut. 1796 entkam hier Räuberhauptmann Mathias Weber mit seinem 7 m-Sprung! Während rechterhand der Rosengarten mit leuchtenden Farben und idyllischen Plätzen

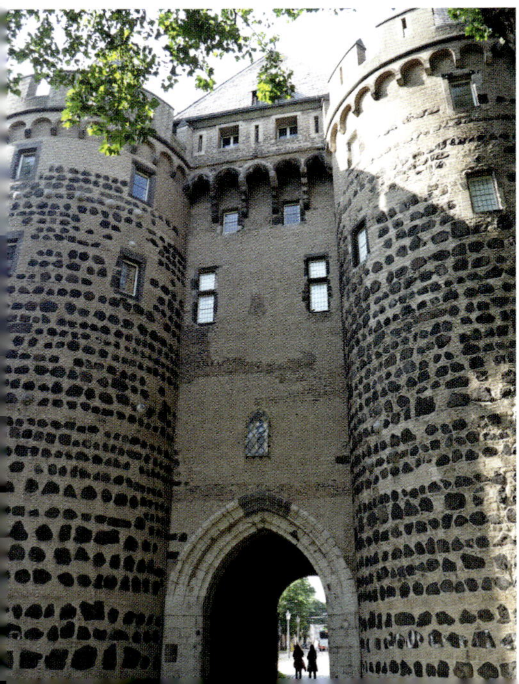

Das mächtige Obertor im Südosten der Altstadt

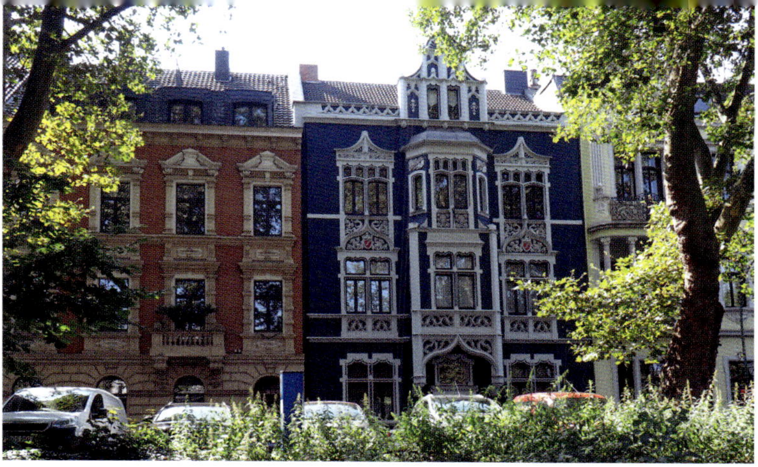

Häuserreihe am Stadtgraben (Erftstraße)

lockt, überwältigt zur Linken der Anblick des gewaltigen Obertors den Betrachter und lädt dazu ein, das alte Mauerwerk zu berühren und unter dem Monument hindurchzuschreiten. Hier befindet sich auch das Clemens-Sels-Museum mit einer vielfältigen Ausstellung, auch zur Stadtgeschichte. Errichtet wurde das Stadttor bereits im 13. Jahrhundert. Es lässt uns die Bedeutung und den Reichtum der Stadt Neuss mit allen Sinnen erfahren!

Gastronomie

Pizza-Türmchen, Zollstraße 1, 41460 Neuss
(www.pizza-türmchen.de)
Vogthaus Neuss, Münsterplatz 10-12, 41460 Neuss
(www.vogthausneuss.de)
Schwan Restaurant am Markt, Markt 36, 41460 Neuss
(www.schwan-restaurant.de)

In der Nähe

Rennbahnpark Neuss mit Landesgartenschau 2026
Alpenpark Neuss mit Skihalle und Kletterpark
(www.alpenpark-neuss.de)
Kinderbauernhof der Stadt Neuss mit Wildgehege und Barfußpfad
(www.kinderbauernhof-neuss.de)

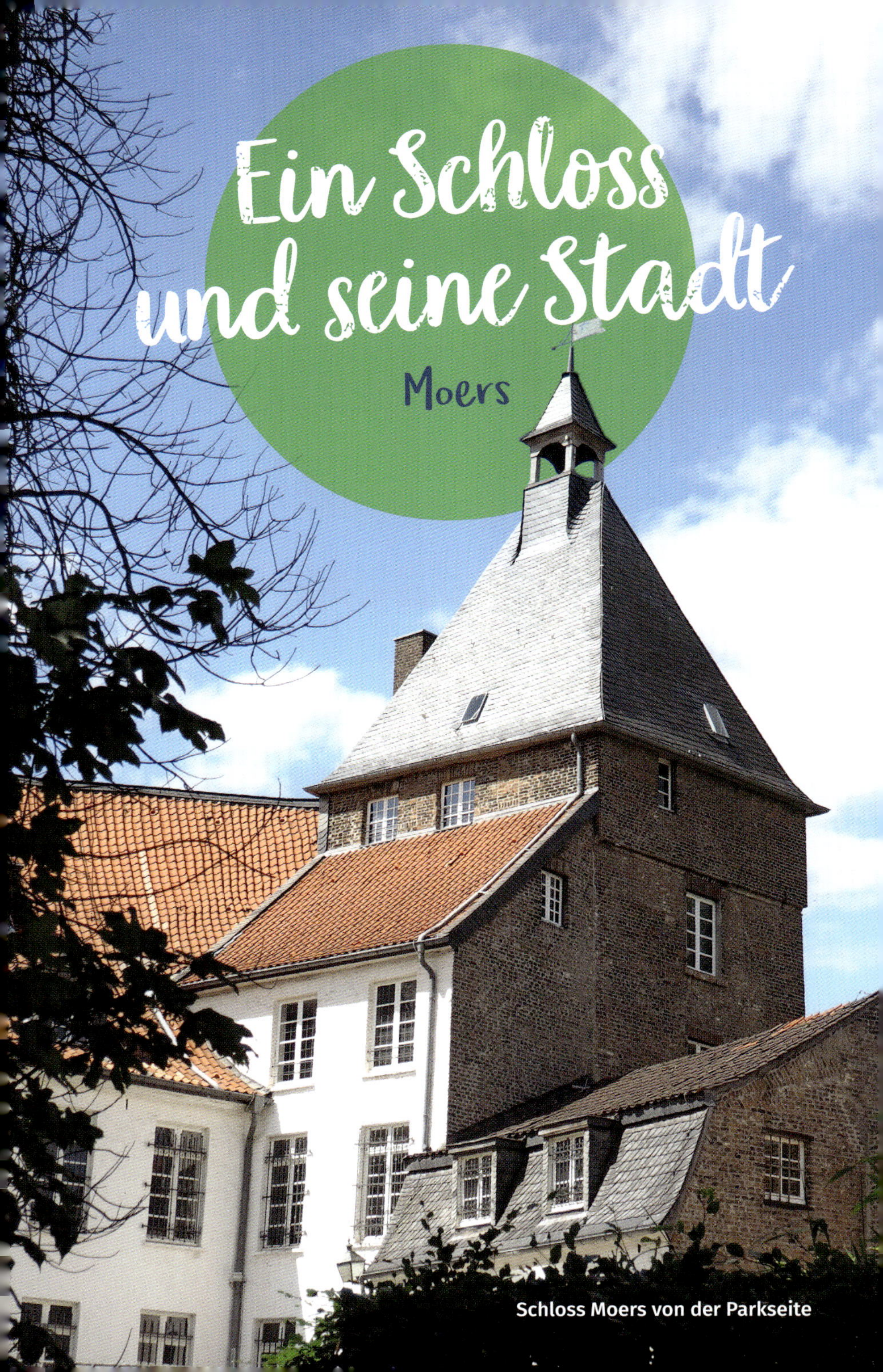

Schloss Moers von der Parkseite

Hart an der Grenze zum Ruhrgebiet gelegen, vereinigt Moers eine Vielzahl von teils widersprüchlichen Erscheinungsbildern in sich: niederrheinischen Charme, die Urbanität des Ruhrgebiets, quirlige Aktivität, ein breites Veranstaltungsangebot, Entschleunigung im riesigen Park und ein historisches Flair, das unsere Fantasie zu Zeitreisen beflügelt!

Denn bei Hülsdonk wurden Spuren einer Besiedelung etwa 2500 v. Chr. gefunden, und im Jahr 12 v. Chr. gründete Drusus im heutigen Ortsteil Asberg das römische Lager Asciburgium. Mit knapp 105.000 Einwohnern ist Moers die größte Stadt, die weder Kreisstadt noch kreisfrei ist. Eine Route des Jakobspilgerwegs führt durch das Stadtgebiet.

17

Anreise Pkw/Parkplatz:

Parkplatz Mühlenstraße: Moerser Benden 11
(GPS 51°27'18.03"N, 6°37'30.96"E)
Parkdeck Neuer Wall: Neuer Wall (GPS 51°27'9.77"N, 6°37'43.33"E)
Parkplatz Kastell: Kleine Allee 2 (GPS 51°27'1.55"N, 6°37'32.56"E)

Anreise mit ÖPNV:

Altstadt: Buslinien 3, 4, 7, SB30, 912, 913, 929, BMS,
Haltestelle „Moers Rathaus"
Schloss: Buslinien NE6, SB30, SB80 + 13 weitere Buslinien,
Haltestelle „Moers Königlicher Hof"

www.moers.de
www.moers-marketing.de

Auch aus der Luft betrachtet erschließt sich die historische Bedeutung der Stadt. Im Zentrum, nordöstlich der grünen Lunge, des Schloss- und Freizeitparks, sticht die gezackte Form der ehemaligen Festungsanlagen sofort ins Auge, die noch vollständig durch den Verlauf der Straßen und Gräben erkennbar ist. Die Entwicklung von einer bäuerlichen Siedlung im Norden des Stadtgebiets – 900 n. Chr. erstmals beurkundet – über die erste Erwähnung der Herren von Moers 1186, die Errichtung eines quadratischen Bergfrieds um 1200 bis hin zur Festung mit fünf Bastionen, deren Umriss sich heute noch im Stadtbild wiederfindet, wird eindrucksvoll im Grafschafter Museum im Schloss Moers dargestellt.

Vom Wehrturm zur Festung und zurück

Die ehemalige Burgherrin Walburgis von Neuenahr-Moers führt als Hologramm durch die Ausstellung, die das Leben auf der Burg und deren Entwicklung anhand der einzelnen Zimmer und Mauern aufs Anschaulichste darlegt. Die Reste des ursprünglichen Wohnturms aus Tuffstein sind als Ausgrabung im Innenhof für Besucher zugänglich. Später wurde ein künstlicher Burghügel, eine sogenannte Motte, geschaffen und mit einer Ringmauer und Türmen versehen. Als die Durchschlagskraft der immer größer werdenden Kanonen mit 48 kg schweren Kugeln eine bessere Verteidigung notwendig

Tipp

Schlosstheater Moers

Mit einem gesellschaftskritischen und experimentellen Programm hat sich das kleinste Stadttheater in Deutschland vielfache Auszeichnungen und Preise erarbeitet. Die Aufführungen finden zum Teil im Gewölbekeller des Schlosses statt.

www.schlosstheater-moers.de

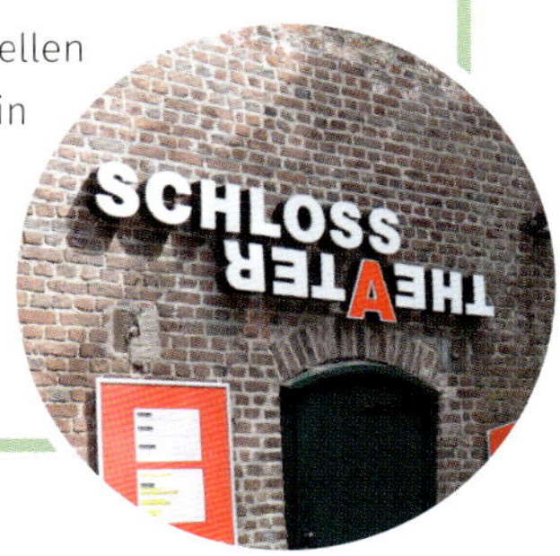

Tipp

Grafschafter Musenhof

Shoppen für Eltern ist einfach und entspannt, wenn der Nachwuchs zeitgleich im mittelalterlichen Musenhof im Schlosspark Abenteuer erleben kann. Bis zu zwei Stunden können Kinder während der Öffnungszeiten in mittelalterliche Erlebniswelten abtauchen, spielen, sich verkleiden, an Workshops und Bastelaktionen teilnehmen oder einfach den Hof erkunden. Im Anschluss bietet sich ein Spaziergang im Schloss- und Freizeitpark an. Hier gibt es sehenswerte Parkanlagen, einen Rosengarten, noch mehr Spielplätze, einen Streichelzoo und ein buntes Veranstaltungsprogramm.

www.moers-marketing.de/grafschafter-musenhof/
(GPS: 51°26‘56.45“N, 6°37‘31.94“E)

machte, wurde im 15. Jahrhundert ein 7 m breiter zweiter Befestigungsring, der Zwinger, vorgelagert, der wiederum die vorhandene Ringmauerburg sicherte. Kurz darauf, Anfang des 16. Jahrhunderts, entstand auf deren Grundmauern zur Zwingermauer hin das Palasgebäude, das heute noch vorhandene Schloss. Die Schlossbefestigung verschob sich wiederum mit Hilfe von Wällen, Gräben und Eckbastionen nach außen. Schloss und Stadt wurden durch eine sternförmige Wall- und Grabenanlage auf modernste Art verteidigt. Bis dahin hatten die Herren von Moers zunehmend Macht und Einfluss erlangt und beherbergten hochrangige Besucher. Bereits 1373 hatten sie das Recht erhalten, eigene Münzen zu prägen. Eine davon nannte sich „Möhrchen“.

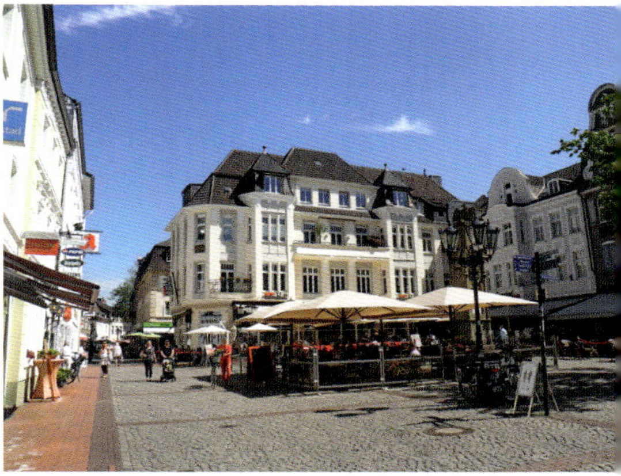

Altmarkt

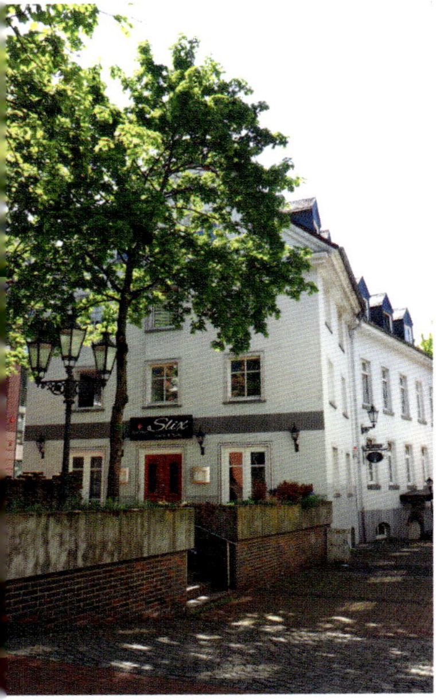

Schustergasse; hier stand ehemals die Synagoge

Nachdem der Herrschaftszenit der Moerser Grafen überschritten war und die Herrschaftsverhältnisse durch verschiedenste politische Entwicklungen wechselten, diente das Schloss während des Siebenjährigen Krieges als französisches Lazarett. Als die Festung unter preußischer Herrschaft ihren strategischen Wert verlor, ließ Friedrich II. sie schleifen. Das Schloss beherbergte nun preußische Behörden, und der einstmals prachtvolle Rittersaal diente als Aktenlager. Anfang des 19. Jahrhunderts war das Schloss verfallen. Bei Hochwasser suchten die Moerser Bürger hier Zuflucht für ihr Vieh. Teile des Schlosses wurden abgerissen, der Rest vom Fabrikanten Wintgens wieder hergerichtet und ausgebaut. Zu dieser Zeit wurde auch der Schlosspark angelegt. Seit 1905 ist die Anlage im Besitz der Stadt Moers und dient bereits seit 1908 als Museum. In den Gewölbekellern befindet sich das Schlosstheater Moers.

Museum

Schloss Moers

Eine Zeitreise durch die Geschichte des Schlosses und der Grafschaft Moers bietet die dauerhafte Ausstellung im Schloss. Gleich nebenan im Musenhof können Kinder das Leben im Mittelalter hautnah erfahren.

Schloss Moers – Grafschafter Museum für Geschichte und Volkskunst, Kastell 9, 47441 Moers (www.grafschafter-museum.de)

Weitere Museen:

Schacht IV der Zeche Rheinpreussen (www.gmgv-moers.de)
Kunstverein Peschkenhaus e.V. (www.peschkenhaus.de)

Altstadt-Rundgang

Auch die Stadt Moers selbst wuchs und gedieh im Schatten ihrer Burg und wurde zu ihrem Schutz mit einer Stadtmauer, Türmen und Toren umgeben. Dabei legten die Herren von Moers „ihre Stadt“ zwischen der Burg und dem Kirchhof an, also südlich der ursprünglichen Siedlung. 1300 erfolgte die Erteilung der Stadtrechte. Auch diese Stadt war schnell zu klein, so dass vor den Toren eine „Neustadt“ errichtet wurde.
Heute führt der „Moerser Rundgang“ durch die Altstadt und erläutert an 47 Punkten wichtige Stationen der Moerser Geschichte. Das Herz der historischen Altstadt schlägt am Altmarkt, der auch Ausgangspunkt des Rundgangs ist. Hier befinden sich Bürgerhäuser aus dem 17. und 18. Jahrhundert sowie das Preußen-Denkmal. Bereits aus dem Jahr 1448 stammt die evangelische Stadtkirche an der Klosterstraße. Das älteste Bürgerhaus, das „Peschkenhaus“ aus der Zeit um 1460 mit einer klassizistischen Fassade, beherbergt heute Kunstausstellungen und dient als Veranstaltungsort.

Gastronomie

Grafschafter Wirtshaus, Kastell 5, 47441 Moers
(www.wirtshaus-moers.de)
Café Extrablatt Moers, Altmarkt 1, 47441 Moers
(www.cafe-extrablatt.de)
Casa Leonardo, Kastell 17, 47441 Moers
(www.casa-leonardo-moers.de)

In der Nähe

Freizeitpark im Stadtpark Moers
Aumühle (www.aumuehle-moers.de)
Halde Rheinpreußen mit Geleucht (www.das-geleucht.de)
Naturfreibad, Aktivbad, Eishalle, Sportpark und Swingolf
(www.enni.de)

Vater Rhein und seine Festungen

Orsoy und Rheinberg

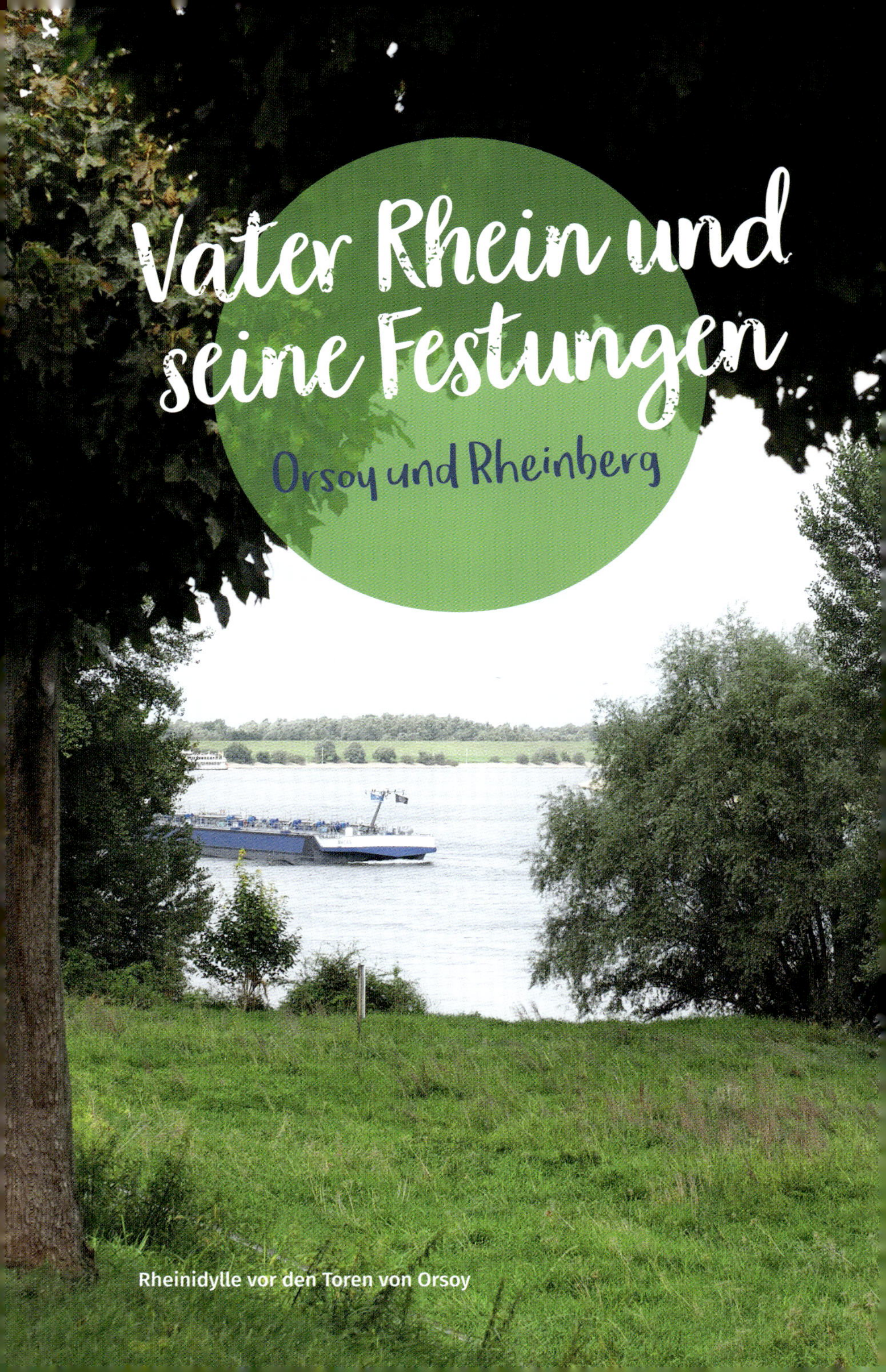

Rheinidylle vor den Toren von Orsoy

1975 wurden diese beiden Städte quasi „zwangsverheiratet“: Orsoy wurde eingemeindet und ist nun Teil von Rheinberg. Die beiden benachbarten Orte haben ganz verschiedene Geschichten zu erzählen, doch für uns Besucher gibt es einige Gemeinsamkeiten: Beide liegen am Rhein, beide waren (heute noch sichtbar) Zollfestungen, und in beiden sehen wir schöne alte Bürgerhäuser. Kein Grund also, in diesem Buch zu trennen, was inzwischen zusammengehört.

Direkt am Rhein befindet sich heute nur noch Orsoy, das übrigens von den Einheimischen wie „Orsau“ ausgesprochen wird. Mit gut 4000 Einwohnern kommt es eher beschaulich daher, und die Rheinpromenade ist ländlich und idyllisch und unbebaut. Eindrucksvoll und mächtig trennt das Rheintor die Ortschaft vom Fluss, und Markierungen zeigen an, welchen Wassermassen Deich und Tor schon standhalten mussten.

18

Anreise Pkw/Parkplatz:
Orsoy: Parkplatz Hafendamm (GPS 51°31‘32.42“N, 6°41‘9.47“E)
Rheinberg: diverse Parkplätze an Goldstraße, Kamper Straße und Orsoyer Straße, z. B. Zufahrt zwischen Orsoyer Str. 14 und 16 (GPS 51°32‘42.28“N, 6°36‘13.83“E)

Anreise mit ÖPNV:
Orsoy: Buslinien 913, BRB, Haltestelle „Orsoy Rathaus“
Rheinberg: Buslinien 1, 8, 38, 65, 68, 913, BRB,
Haltestelle „Rheinberg Rathaus“

www.rheinberg.de

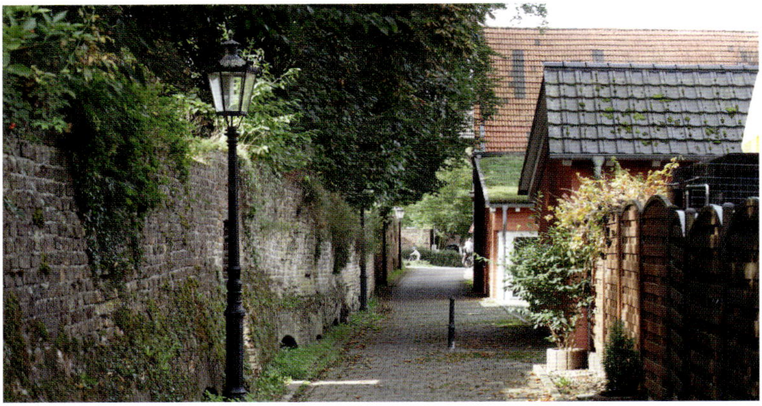

Weg entlang der mittelalterlichen Stadtmauer

Oben auf dem Deich laden Bänke zum Verweilen und Schauen ein, denn auch wenn auf der gegenüberliegenden Seite in Walsum ein Kraftwerk steht, ist es doch auf seine Weise malerisch in die Landschaft eingebettet. Der Jakobsweg führt hier entlang. Zu unseren Füßen ziehen Menschen und Fahrzeuge der Rheinfähre entgegen, um an das andere Ufer zu gelangen. Der Atem geht langsamer und entspannter angesichts der Schönheit ringsum.

Nachdem bereits um 750 v. Chr. Germanen die in diesem Gebiet lebenden Kelten verdrängten, existierten zu römischer Zeit vermutlich mindestens eine Fähre und eine Villa Rustica. Fränkische Gräber weisen auf eine durchgehende Weiterbesiedelung hin. Erstmals urkundlich erwähnt wurde Orsoy im Jahr 1139. Im 13. Jahrhundert befand sich hier definitiv eine Zollstation, und Orsoy wurde 1273 zur Stadt erhoben, erhielt jedoch kein Marktprivileg.

Alte Zollfestung Orsoy

Zusammenfassend könnte man behaupten, dass der Ort überproportional oft Pech mit Feuer und Zerstörung hatte; Brände in den Jahren 1347 und/oder 1351, die Eroberungen durch die Spanier 1586 und durch die Franzosen 1672, ein Großfeuer 1818 sowie stän-

Info

Der Jakobsweg

Es muss nicht immer Spanien sein! Am Niederrhein treffen sich direkt zwei Teilstrecken des Jakobswegs. An der Strecke „Nijmegen – Köln" liegen Kranenburg, Kalkar, Xanten, Rheinberg/Orsoy, Moers, Linn, Neuss und Dormagen, an der Strecke „Nijmegen – Liege" ebenfalls Kranenburg sowie Goch, Kevelaer und Straelen. Von Rheinberg nach Santiago de Compostela sind es bei kürzester Wegstrecke 2495 km – sicher nichts für Anfänger!

dig wechselnde Herrschaftsverhältnisse hemmten eine Blüte und Weiterentwicklung der Stadt, wie sie beispielsweise Kempen oder Neuss gegönnt war. Dies verhinderte jedoch nicht, dass insgesamt drei Festungsringe errichtet wurden, von denen deutliche Spuren existieren. Der zweite, eine italienische bastionierte Regularfestung mit fünf Bastionen ist noch weitgehend erhalten und kann fast vollständig begangen werden. Der Weg an der restaurierten mittelalterlichen Ringmauer entlang ist lauschig und lädt zum Erkunden ein. Schmale Gassen, alte Häuser, hier und da einmal ein Tor, das den Blick auf den Grüngürtel vor der Mauer erlaubt, dann wieder eine geschwungene Allee hoch oben auf dem Wall der späteren Festungsanlage, Auge in Auge mit den Dächern der Stadt. Aller Unruhe zum Trotz sind erstaunlich viele alte Gebäude erhalten: Alte Bürgerhäuser, die evangelische Kirche aus dem 15. Jahrhundert im spätgotischen Stil mit der ältesten evangelischen Kanzel am Niederrhein (1551), das Rathaus aus der Zeit um 1600 und vor allem die Stadtmauer und der mächtige Pulverturm geben der Fantasie Raum für eine Reise in längst vergangene Zeiten!

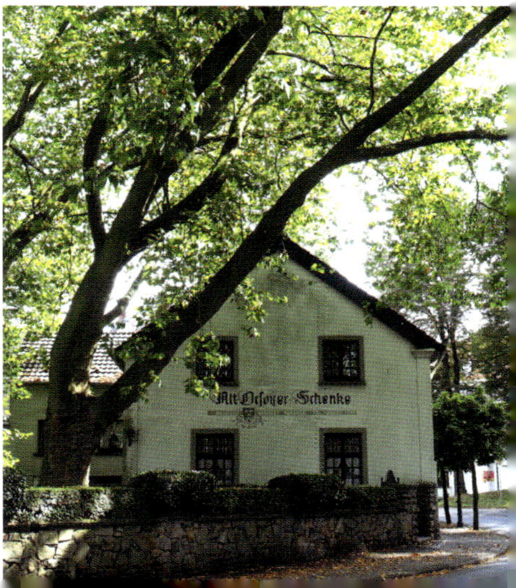

Kuhpforte

Alte Zollfestung Rheinberg

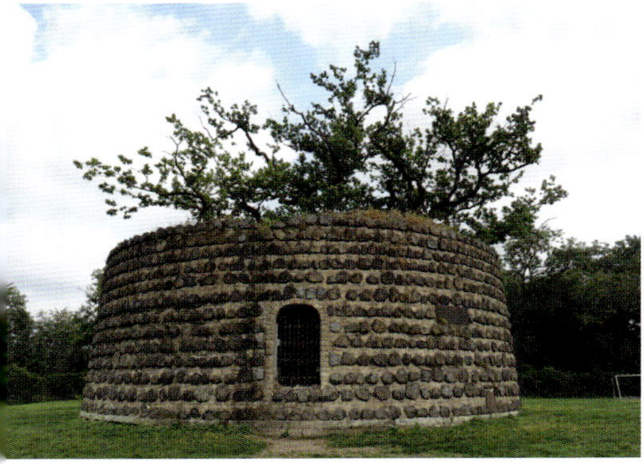

Zollturm

Keine 7 km entfernt lädt Rheinberg zum Erkunden ein – und kann mit ganz ähnlichen Pfunden wuchern. In einer Parkanlage mit Spielplatz am nordöstlichen Rand der historischen Innenstadt weckt die Ruine des alten Zollturms, auch Pulverturm genannt, schon allein durch ihre Gestalt die Neugier nicht nur der spielenden Kinder. 1292–1298 als Teil einer rechteckigen, wehrhaften kurkölnischen Landesburg erbaut, diente er sowohl als Zollturm als auch als Gefängnis. Zur damaligen Zeit lag Rheinberg noch unmittelbar am Rhein – heute liegen mindestens 2 km Luftlinie zwischen dem historischen Stadtkern und dem namensgebenden Fluss. Seine Nutzung als Munitionslager wurde dem ursprünglich 23 m hohen Turm letztlich zum

Tipp

Rheinfähre Walsum-Orsoy

Die Rheinfähre überquert täglich im engmaschigen Rhythmus den Rhein zwischen Orsoy und Walsum. Sie ist sowohl für Autos als auch für Fußgänger und Radfahrer geeignet und sorgt neben dem schönen Erlebnis in der niederrheinischen Landschaft für eine erhebliche Zeitersparnis – sind die nächsten Brücken doch kilometerweit entfernt.

www.rheinfaehre-walsum.de

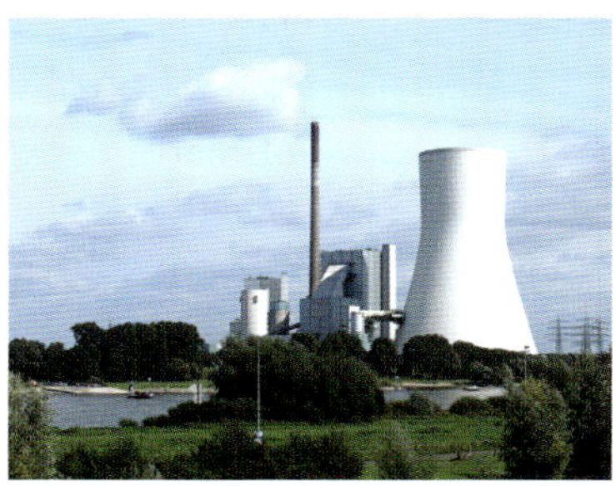

Verhängnis: 1598 explodierten 150 Pulverfässer und zerstörten die Burg. Der Pulverturm wurde wieder aufgebaut und diente weiterhin als Munitionslager. 1636 traf ihn bei einem Gewitter ein Blitz – die darauf folgende Explosion besiegelte sein Schicksal endgültig. Von der Burg ist außer der nun nur noch 7 m hohen Turmruine nur noch die „Alte Kellnerei" aus dem Jahr 1573 erhalten. Der Stadtgraben kennzeichnet den Verlauf der ehemaligen Stadtbefestigung. So ist der alte Stadtkern aus der Luft noch deutlich zu erkennen.
Erstmals urkundlich erwähnt wurde „Berke" bereits im Jahr 1003, die Stadtrechte sind für 1233 verbrieft. Sein Schicksal als nördlichster Punkt der Kölner Kurfürsten gleicht dem Orsoys, das als südlichster Zollpunkt der Grafen von Kleve gleichsam ständig umkämpft, belagert, erobert und zerstört und damit an einer florierenden Entwicklung gehindert wurde.

Historischer Stadtkern

Wirkt Rheinberg „von außen" wie eine typische niederrheinische Stadt mit etwa 30.000 Einwohnern, so verschlägt der Anblick des historischen Marktes so manchem Besucher den Atem. Zu plötzlich werden wir in vergangene Zeiten katapultiert – und zwar gleich in mehrere Epochen. Weit öffnet sich der Marktplatz mit dem gotischen Rathaus aus dem Jahr 1449 mit barockem Zwiebelturm, das nicht etwa am Rand, sondern fast mitten darauf platziert ist; das liegt daran, dass hier der „Große Markt" und die durch die Rheinstraße davon getrennten Plätze „Holzmarkt" und „Fischmarkt" aufeinander treffen. Der heutige Bau der katholischen Pfarrkirche St. Peter an der Ostseite

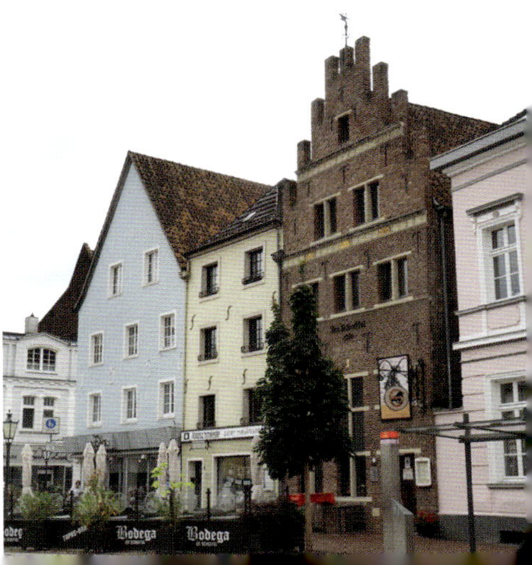

Historische Häuserreihe am Holzmarkt

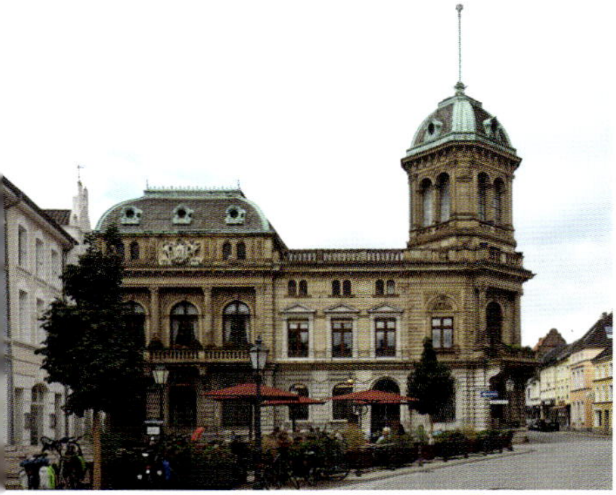

Underberg-Stammhaus

des Großen Marktes stammt aus dem Ende des 12. Jahrhunderts. Historische Häuserzeilen, teils aus dem 16. und 17. Jahrhundert, lassen Visionen aus längst vergangenen Zeiten entstehen. Ein erneut schlagartig völlig anderes Bild bietet sich an der nordwestlichen Ecke, vis-à-vis des Rathauses: Das Underberg-Stammhaus, auch Underberg-Palais genannt, erbaut 1869–1874 im Stil der italienisch-französisch geprägten Spätrenaissance, das an manche Straßenzüge in Paris erinnert. Tatsächlich wurde hier in Rheinberg seit 1846 der bekannte Kräuterschnaps produziert. Das Gebäude dient heute als Firmenarchiv. In unmittelbarer Nähe macht der 56 m hohe Kräuterturm unmissverständlich auf Rheinbergs Rolle als Ursprungsort dieser Erfolgsgeschichte aufmerksam.

Was wiederum eines beweist: Sowohl die Geschichte Rheinbergs als auch die Orsoys ist eines ganz sicher nicht: langweilig!

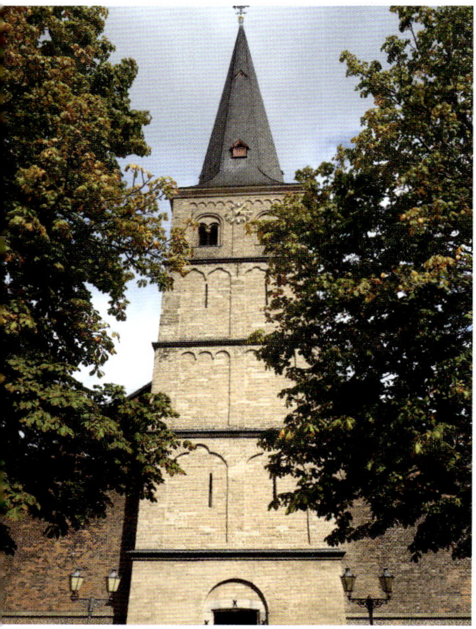

Katholische Pfarrkirche St. Peter

Museum

Im Alten Rathaus befindet sich eine kleine Underberg-Ausstellung.
Großer Markt 1, 47495 Rheinberg (www.altes-rathaus-rheinberg.de)

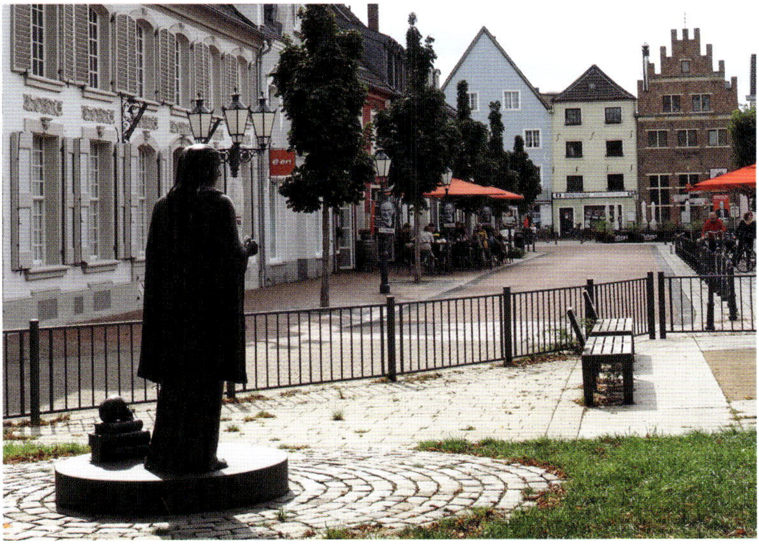

Blick von der Pfarrkirche über den Großen Markt zum Holzmarkt

Gastronomie

Hotel-Restaurant Orsoyer Hof, Hafendamm 2, 47495 Rheinberg-Orsoy (www.orsoyerhof.de)
Frau Ella Kaufladen & Café Orsoy, Kuhstraße 6, 47495 Rheinberg-Orsoy (www.frau-ella-orsoy.de)
Niederrheinisches Gasthaus Mütterlein, Egerstraße 7, 47495 Rheinberg-Orsoy (www.gasthaus-muetterlein.de)
Bodega Im Scheffel Restaurant & Tapas, Holzmarkt 6, 47495 Rheinberg (www.bodega-scheffel.de)

In der Nähe

TerraZoo (www.terrazoo.de)
Naturerlebnisweg „Hasenpfad" in Rheinberg-Eversael (www.rheinberg.de)

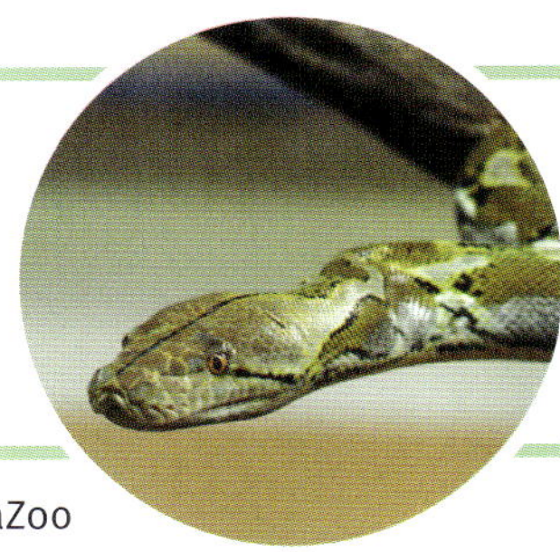

TerraZoo

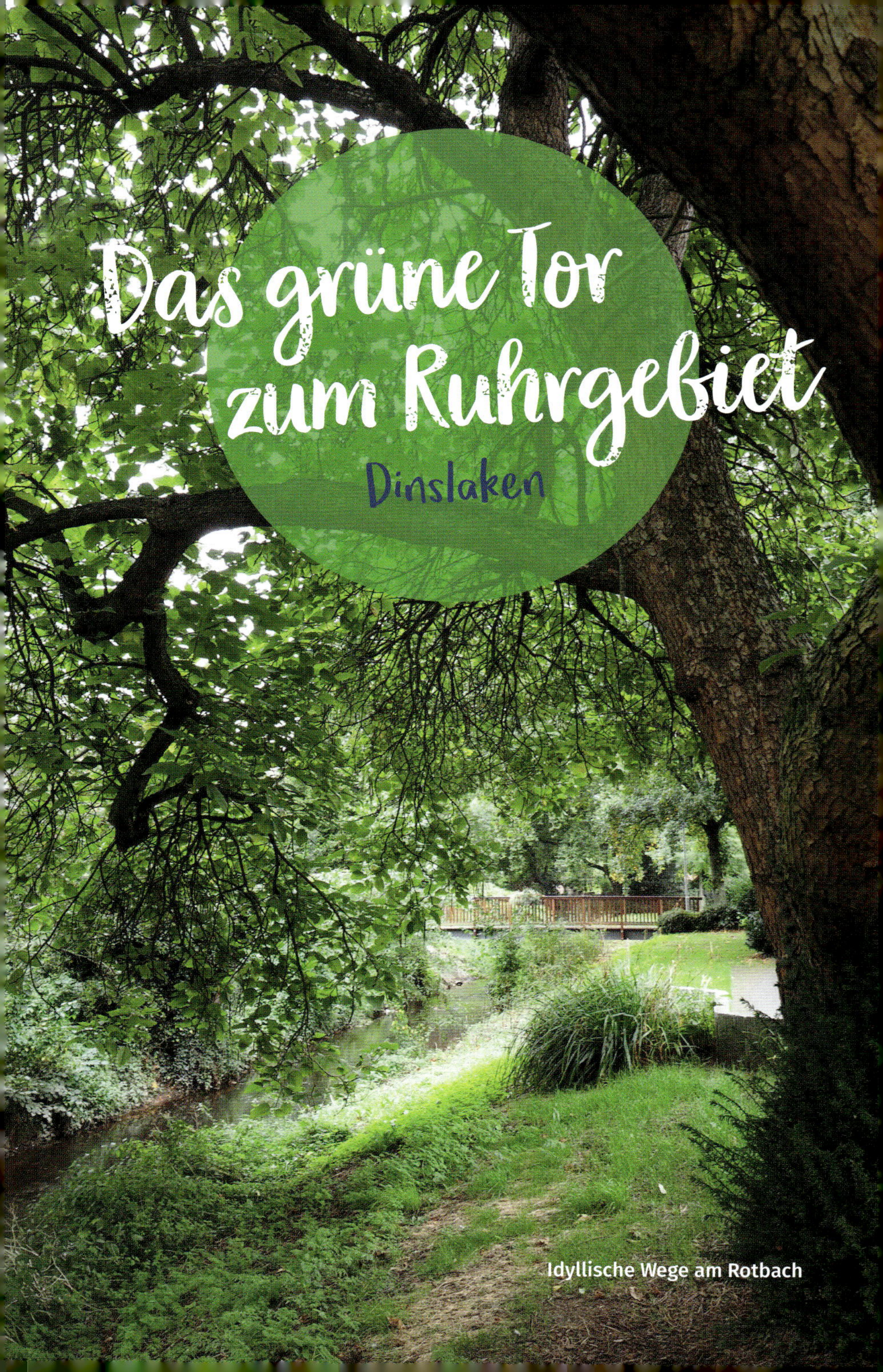
Das grüne Tor zum Ruhrgebiet
Dinslaken
Idyllische Wege am Rotbach

Hervorstechendstes Merkmal Dinslakens ist seine Vielfalt: Während die Altstadt rund um die Burg das Herz der Stadt bildet und die Ausläufer des Naturparks Hohe Mark-Westmünsterland den Stadtteil Hiesfeld in ein Paradies aus Wiesen, Feldern und endlosen Wäldern verwandeln, setzt die ehemalige Steinkohle-Zechensiedlung Lohberg den optischen und historischen Kontrapunkt.

Ihren Anfang nahm die Stadt spätestens im 12. Jahrhundert, als sich rund um die Burgmotte eine Ansiedlung gebildet hatte. 1273 erteilte Graf Dietrich VII von Kleve Dinslaken die Stadtrechte. Das vorhandene Kastell wurde 1420 zur Burg wurde ausgebaut. Es erhielt einen 40 m hohen Hauptturm und diente unter anderem als Gefängnis für „Hexen“ und Wiedertäufer.

19

Anreise Pkw/Parkplatz:
Altstadt: Tiefgarage Rathaus, Platz D’Agen 3
(GPS 51°33‘48.18“N, 6°44‘1.29“E)
Bergpark Oberlohberg: Navi Hünxer Straße 374
(GPS 51°35‘1.76“N, 6°45‘46.38“E)

Anreise mit ÖPNV:
Altstadt: Trambahn 903, Buslinien 915, NE3, Haltestelle „Dinslaken Neustraße“/Buslinien 17, 19, 25, 26, 75, 918, Haltestelle „Dinslaken Rathaus“
Bergpark Oberlohberg: Linien 19, 71, 75, 915, SB3, Haltestelle „Dinslaken Schacht Lohberg“

www.dinslaken.de

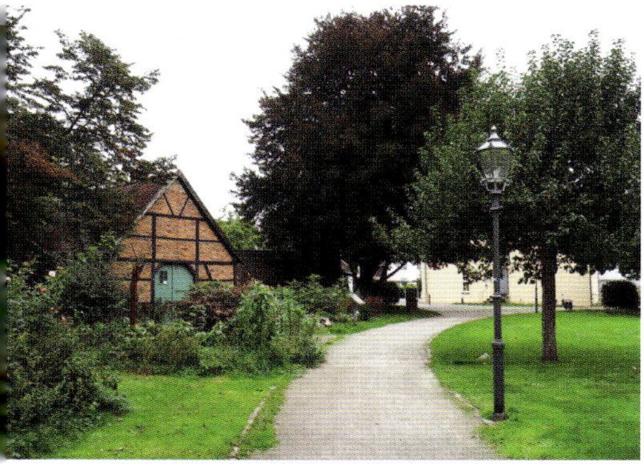

Bollwerkskathe an der Stadtmauer

Mit der Burg wuchs auch die Stadt; Bruderschaften und Gilden bildeten sich, Tuch und Leinen wurden produziert und verkauft. Nachdem mit dem „Wollenamt" 1412 bereits eine Tuchmachergilde existierte, erhielt Dinslaken 1478 die Marktrechte, und ab 1540 war die Stadt stolzes Mitglied des Hansebundes. Der Voswinckelshof geht auf diese Zeit zurück, und im angrenzenden Park befindet sich einer von mehreren Färbergärten. Hier, direkt an der alten Stadtmauer, zieht ein ehemaliges Backhaus, das später als Schmiede genutzt wurde, die Blicke auf sich. Die alte „Bollwerkskathe" befand sich ursprünglich im Stadtteil Hiesfeld und wurde vor die 2007 restaurierten Reste der Stadtmauer versetzt. Mit ihrem Färbergarten und einer riesigen Blutbuche bildet sie einen malerischen Anblick. Entlang des Rotbachs, der die westliche Grenze der Altstadt bildet, befinden sich weitere Abschnitte der alten Stadtbefestigung. Das einzige noch erhaltene Stadttor liegt auf der anderen,

Tipp

Historischer Stadtrundgang

Neben geführten Rundgängen werden auf der Internetseite der Stadt Dinslaken zwei Broschüren zum Download angeboten, die das Entdecken auf eigene Faust ermöglichen: Die „kleine Denkmalroute – zu Fuß durch die Vergangenheit" (Altstadt) und „Lohberg entdecken – Ein Rundgang durch die Gartenstadt". Auf einer Karte sind alle wichtigen Sehenswürdigkeiten eingezeichnet – in der Altstadt beispielsweise auch die barocke evangelische Stadtkirche aus dem Jahr 1722, die „Wöllepump" und die frühgotische St.-Vincentius-Kirche.
www.dinslaken.de

Info

Kulturelle Veranstaltungen

In den Sommermonaten finden – meist im Burgtheater – im Rahmen der „Sommerkultur" und des mehrtägigen „Fantastivals" die verschiedensten kulturellen Veranstaltungen statt: Musik, Comedy, Kabarett, Theater, Kino und Lesungen haben einen festen Platz im Dinslakener Veranstaltungskalender.
www.din-event.de
www.fantastival.de
www.burghofbuehne-dinslaken.de

der nördlichen Seite der Altstadt, in Blickweite des Altmarkts und unmittelbar vor den Toren der Burg. In dem charmanten Ensemble aus Rittertor und dem ehemaligen Pförtnerhaus ist heute die Stadtinformation untergebracht.

Burg und Burgtheater

Die alte Burg Dinslaken wurde mehrfach zerstört. Dennoch beherbergen ihre Reste mit modernem Anbau heute das Rathaus. Vor ihren Toren pulsiert das Leben, und ihre alten Mauern formen die malerische Kulisse des überregional bekannten Burgtheaters. Bereits seit 1923 wird auf der Freilichtbühne Theater gespielt – seinerzeit spielte man „Wilhelm Tell". 1951 nimmt, ursprünglich vor allem zur Unterhaltung der Bergleute, die heute noch aktive „Burghofbühne" ihre Arbeit auf.

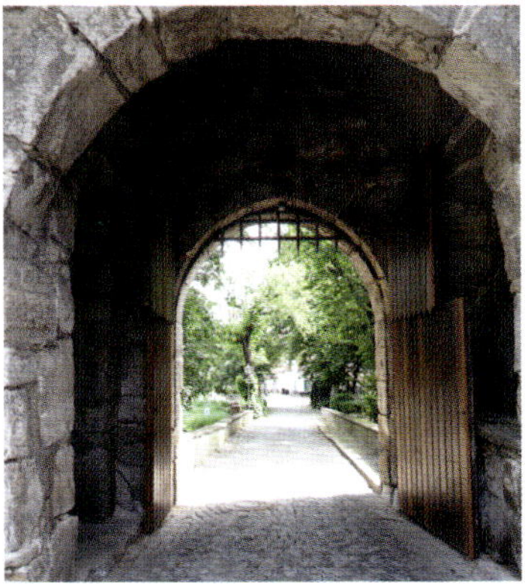

Burg Dinslaken

Zechensiedlung Lohberg

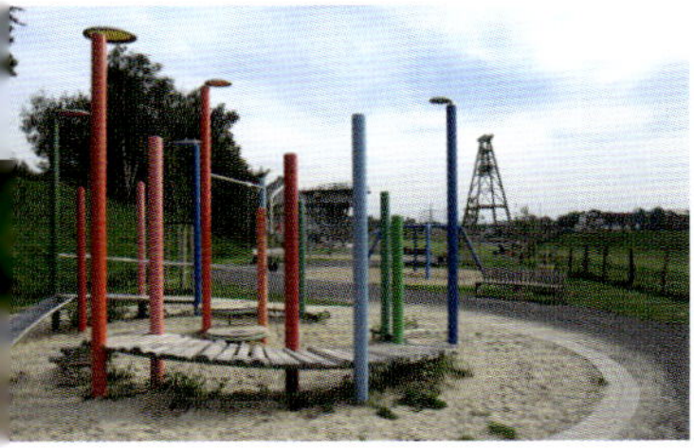

Bergpark Lohberg

Ein gänzlich anders gearteter Ort steht ebenfalls unter Denkmalschutz: Das Kreativ.Quartier Lohberg wurde 1907 nach dem Vorbild englischer Gartenstädte geplant. Die Siedlung in unmittelbarer Nähe der 2005 geschlossenen Steinkohlezeche sollte dem Leben und Arbeiten der Kumpel und ihrer Familien mit Innenhöfen und Bäumen einen grünen Rahmen verleihen. Der Bergpark Oberlohberg schließt sich an das Quartier an. Hier verbinden sich die baulichen Relikte der Zeche mit Förderturm, Wasserturm und etlichen Gebäuden mit einem modernen Park auf einer Halde, mit See, Spiel- und Erholungsgelegenheiten sowie künstlerischen Elementen.

Museum

Mühlenmuseum Hiesfeld

Schon von außen eine Augenweide ist die Hiesfelder Wassermühle aus dem Jahr 1693. Im Inneren werden nicht nur 60 verschiedene Mühlenmodelle aus aller Welt ausgestellt, sondern auch Informationen zur Geschichte des Müllerhandwerks vermittelt. Eine nahe gelegene Windmühle und der aktive Backofen im Mühlenhof sind ebenfalls Teil des Museums.

Am Freibad 5,
46539 Dinslaken-Hiesfeld
(www.muehlenmuseum-dinslaken-hiesfeld.de)

Weiteres Museum:
Stadthistorisches Museum Voswinckelshof
(www.dinslaken.de)

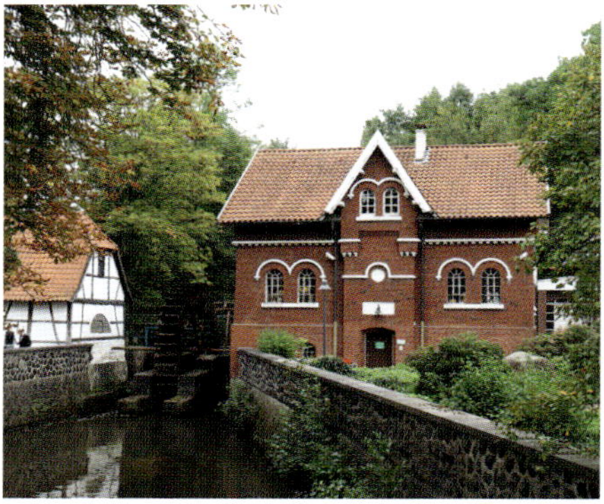

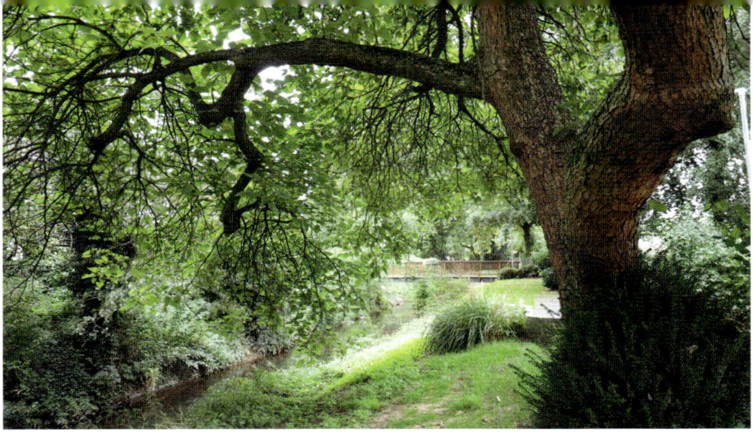

Idyllische Wege am Rotbach

Auszeit für die Seele

Weiter „draußen" locken sattes Grün und weitere spannende Freizeiterlebnisse. Während im Osten Dinslakens in Hiesfeld eine Wind- und eine Wassermühle sowie der Hiesfelder Wald mit dem Rotbachweg und einem ausgedehnten Reitwegenetz das „grüne Tor zum Ruhrgebiet" bilden, befindet sich südlich der Altstadt die einzige deutsche Halbmeilen-Trabrennbahn aus dem Jahr 1954. Auf der ungewöhnlich kurzen Strecke werden mehrmals jährlich Wett- und Rennspektakel ausgerichtet. Sie ist auch Schauplatz der Martinikirmes im November, der letzten großen niederrheinische Familienkirmes im Jahreslauf.

Gastronomie

Zorbas GmbH, Duisburger Straße 40,
46535 Dinslaken (www.zorbas-dinslaken.de)

In der Nähe

Naturpark Hohe Mark-Westmünsterland
(www.naturpark-hohe-mark.de)
Hof Emschermündung (www.hof-emschermuendung.de)
Eissporthalle Dinslaken (www.eishalle-dinslaken.de)

Klein, aber fein

Krudenburg

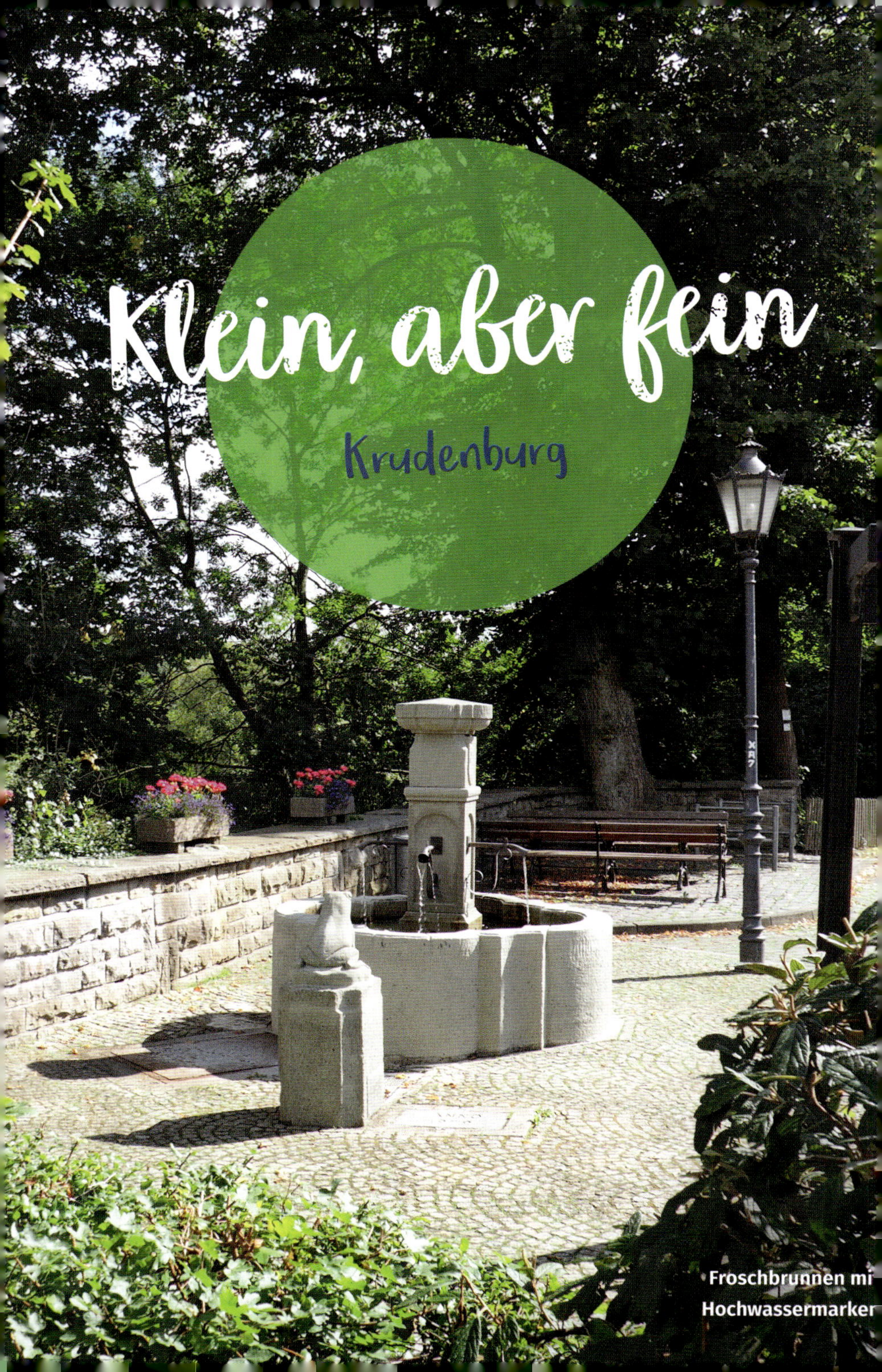

Froschbrunnen mi
Hochwassermarker

Idyllisch an der Lippe gelegen und mit einer malerischen Kulisse gesegnet, ist Krudenburg ein ideales Ziel für jede Radtour. Am Ortseingang empfängt den Besucher eine lange Liste von Preisen aus dem Wettbewerb „Unser Dorf soll schöner werden“, die bis zur Auszeichnung mit Gold auf Landesebene und Bronze auf Bundesebene reicht. Zu Recht! So klein dieses Dörfchen ist: Es hat großes Potenzial, seine Besucher glücklich zu machen!

Die statistischen Daten sind schnell aufgelistet: gut 300 Einwohner leben auf 1,28 km², etwa 24 m über NN. 1975 wurde Krudenburg eingemeindet und ist nun ein Ortsteil von Hünxe. Doch dieses kleine Fleckchen Erde ist schön: ein von Bäumen umgebener, fantasievoll bestückter Spielplatz an der Lippe und eine geräumige malerische Schutzhütte mit „Balkon“ am „Alten Hafen“, die schmale Dorfstraße, der Brunnen auf dem Rastplatz mit Blick auf die Lippe, die gemächlich am Dorf vorbeizieht, zeitweise bevölkert mit Ausflüglern auf Kanus, Kajaks oder kleinen und großen Schlauchbooten.

20

Anreise Pkw/Parkplatz:
Parkplatz am Ortseingang: Dorfstraße
(GPS 51°39‘0.15“N, 6°45‘18.58“E)

Anreise mit ÖPNV:
Buslinien SB3, BHX, Haltestelle „Krudenburg Brücke“

https://krudenburg.de

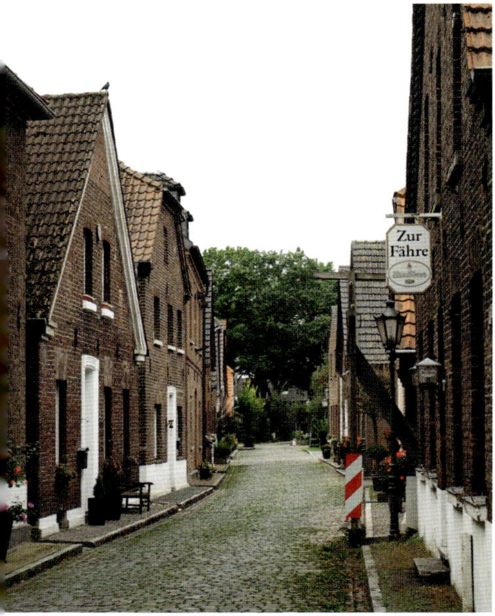

Idyllische Dorfstraße

Hier werden Besucher mit allem versorgt, was sie für ihre Pause benötigen: Sitzgelegenheiten mit Aussicht, Abstellplätze für Fahrräder, eine Ladestation für E-Bikes, eine öffentliche Toilette und an Wochenenden in der Saison die „Dudel-Bude“ zur Stärkung mit Kaffee, Kuchen und Gegrilltem. Dort, wo der Brückenweg zur Landstraße hinaufführt, bietet sich eine paradiesisch anmutende Aussicht: eine von Bäumen gesäumte Straße, neugierige Eselchen am Wegrand, weidende Pferde und das Dorf mit dem alten Turm der ehemaligen Burg Krudenburg, verbunden mit dem Gefühl, in einem „Ort vor unserer Zeit“ zu sein.

Info

Treidelschifffahrt

Jahrhunderte lang dienten die Flüsse der Region als Handelswege. Ohne Motor ausgestattet, stellte die Strömung die Schifffahrt vor ein schier unlösbares Problem. Aus diesem Grunde wurden am Ufer Leinpfade angelegt, über die Menschen, Zugtiere (vor allem Pferde und Ochsen) und später Zugmaschinen und Lokomotiven Frachtschiffe an Schleppleinen oder Ketten flussaufwärts ziehen konnten. In angemessenen Abständen fanden sich Stationen zur Versorgung von Mensch und Tier – so auch in Krudenburg. Am Rhein ist die Treidelschifffahrt bereits ab dem 8. Jahrhundert belegt. An der Lippe wurde sie bereits von den Römern praktiziert, die zahlreiche Lager an ihrem Ufer unterhielten.

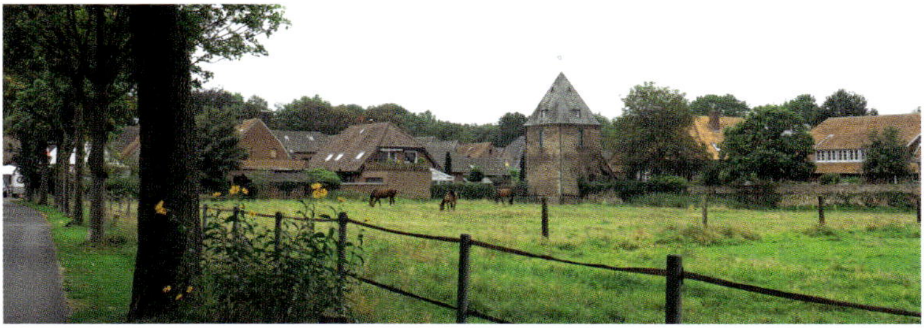

Malerischer Blick auf Krudenburg

Rittersitz und Treidelschifferdorf

Ein verwunschener Turm bestimmt Krudenburgs Silhouette und zeugt von der Vergangenheit als Rittersitz, der 1363 erstmals erwähnt wurde. Der Name „Crudenburg" ist möglicherweise auf den sächsischen Gott Crode zurückzuführen. Zur damaligen Zeit existierten bereits ein „Offenhaus" sowie eine Fischerei und eine Wassermühle. Doch schon die Römer befuhren die Lippe, und neben der Fischerei bestimmte vor allem eines das Leben im Ort: die Treidelschifffahrt! Mit einem Hafen, einer Treidelstation, einer Mühle und einer Brücke, auf der Brückenzoll erhoben wurde, stellte Krudenburg einen bedeutenden Standort an der Lippe dar und blickt auf eine spannende und wechselvolle Geschichte zurück.

Gastronomie

Dudel-Bude, Auf dem Dudel 5, 46569 Hünxe (www.facebook.com/dudelbude)

In der Nähe

Schleuse Hünxe am Wesel-Datteln-Kanal
Otto-Pankok-Museum (www.pankok-museum.de)
Mühlenmuseum Gartrop (www.heimatverein-huenxe.de)
Heimatmuseum „Alte Bergschule" (www.heimatverein-huenxe.de)
Naturpark „Hohe Mark" mit Hünxer Wald,
Kirchheller Heide und Kaninchenberge

Von einem Gerichtsort und Vater Rhein

Götterswickerhamm

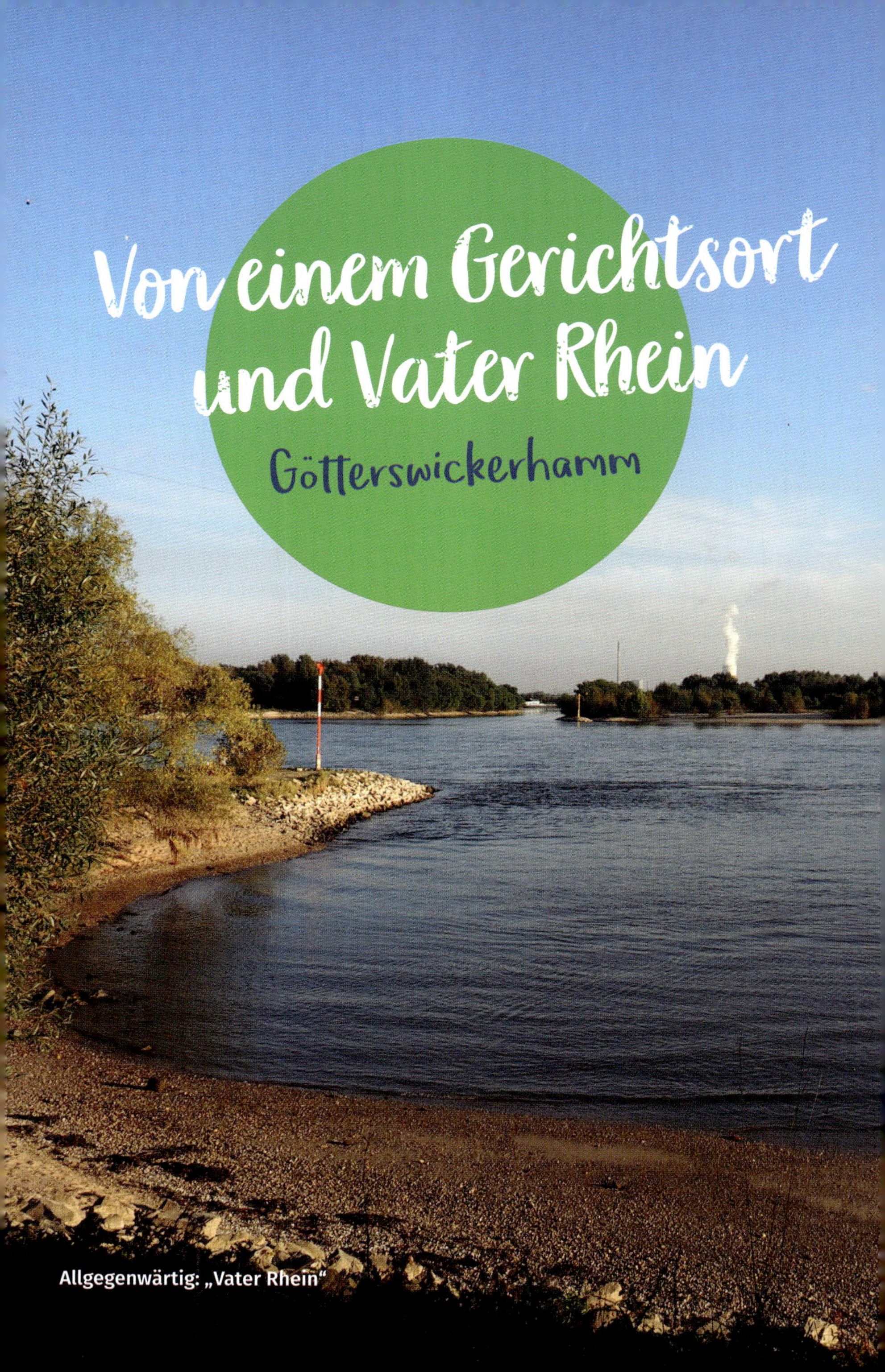

Allgegenwärtig: „Vater Rhein“

Es sind die kleinen Orte in unserer Umgebung, an denen wir so achtlos vorübergehen, die die spannendsten Geschichten erzählen. Und wo die Überlieferung aufhört, bleibt Raum für unsere Fantasie. Einen solchen Ort gibt es in Voerde-Götterswickerhamm am „Unteren Hilding" in der Nähe der Kirche, am Rande eines Spielplatzes: eine alte Gerichtslinde!

Sie war jahrhundertelang Tagungsort des Schöffengerichts. Bereits zur Zeit Karls des Großen um 800 soll sich hier ein „Thingplatz" befunden haben; so wurden zu germanischer und fränkischer Zeit Orte bezeichnet, wo an leicht erhöhten Stellen im Freien Gericht gehalten wurde. 1327 wurde die Gerichtsstätte „an althergebrachter Thingstätte" urkundlich erwähnt. Damit ist sie der einzige urkundlich nachgewiesene Thingplatz am Niederrhein! 1753 wurde das Landgericht Dinslaken eingerichtet und die Tradition aufgegeben.

21

Anreise Pkw/Parkplatz:
Parkplatz Dammstraße (GPS 51°34'49.93"N, 6°39'12.18"E)
Parkplatz Rheinpromenade (GPS 51°34'46.07"N, 6°39'56.94"E)
Standort Gerichtslinde: Unterer Hiding
(GPS 51°34'52.30"N, 6°39'57.70"E)
Standort Freileitungsmast: gegenüber Dammstraße 1
(GPS 51°34'47.70"N, 6°39'26.24"E)

Anreise mit ÖPNV:
Buslinie 81, Haltestelle „Götterswickerhamm"

www.voerde.de

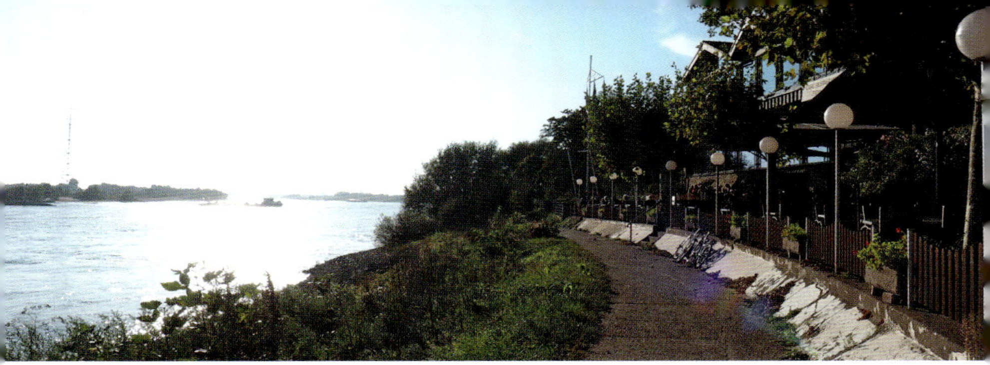

Rheinpromenade

Interessant sind auch zwei Grabsteine in der Nähe des Naturdenkmals. Ein Basaltkreuz trägt die Inschrift: „Anno 1574 den 8. November starb Jan van Rhe den Gott gnädig sei".
Dies ist nur ein kleiner Ort; eine alte Winterlinde, zwei Grabsteine und eine Gedenktafel am Rande eines Spielplatze – doch die Fantasie fliegt davon auf den Spuren der Vergangenheit!

Rheinpromenade am glitzernden Strom

Unweit dieser Stelle geht es weitaus lebhafter zu. An der Rheinpromenade mit Südlage tummeln sich Besucher im Sonnenschein und genießen die Gastronomie mit Blick auf den Rhein und die Natur am anderen Ufer, untermalt vom Rauschen des Rheins und dem Tuckern der Schiffsmotoren. Die stromauf- und -abwärts fahrenden Giganten mit unterschiedlichsten Formen und verschiedenartiger Ladung bieten ein fast hypnotisierendes Schauspiel. Ein Rheinuferweg schließt sich an die Promenade an, setzt sich auf dem Deich fort und bietet grenzenloses Radfahr- und Wandervergnügen.
Etwas oberhalb am Deich gelegen wecken zwei weitere historische Gebäude die Neugier des Betrachters: Die ehemalige zum Aussichtsturm umgestaltete Mühle „Haus Storchennest" (in Privatbesitz) und die weiß leuchtende evangelische Kirche mit einem romanischen Turm und einem Taufstein aus dem 12. Jahrhundert. 1830 wurde sie nach Plänen von Karl-Friedrich Schinkel klassizistisch umgestaltet und vereint nun auf sehr harmonische und ansprechende Weise die verschiedensten Baustile.

Imposante Masten

Ein Zeugnis der wachsenden Infrastruktur zu Beginn des 20. Jahrhunderts ist die 220-kV-Freileitungskreuzung, die den Rhein zwischen Götterswickerhamm und Eversael überquert und dabei eine Distanz von 526 m überwindet. Ihre Masten waren bei der Errichtung im Jahr 1926 138 m hoch, damit auch Segelschiffe darunter Platz fanden, die damals noch den Rhein befuhren. Sie gehörten damit seinerzeit zu den höchsten Freileitungsmasten der Welt. Obwohl sie bei einer Sanierung 2015 auf 96 m Höhe reduziert wurden, bieten sie immer noch einen äußerst imposanten Anblick.

Trotz eines stillgelegten Kraftwerks in Sichtweite bietet dieser entzückende kleine Ort in traumhafter Lage die besten Gelegenheiten zum Staunen, Entspannen und zur Entschleunigung.

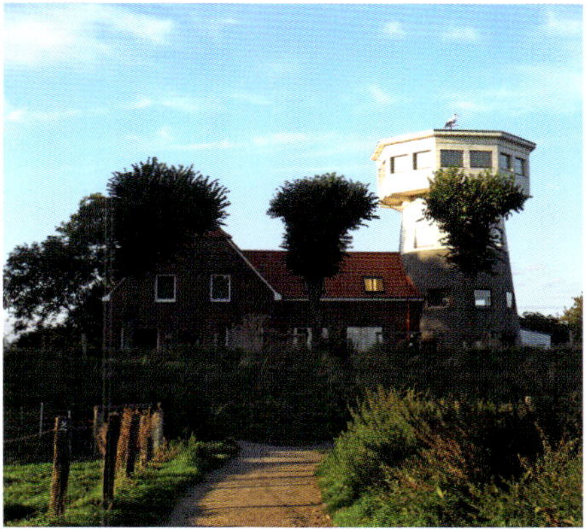

Storchennest

Gastronomie

Restaurant Zur Arche, Rheinpromenade 2, 46562 Voerde (www.zur-arche.de)

Rheinwacht Café und Restaurant/Urweisse Hütte, Dammstraße 46, 46562 Voerde (www.rheinwacht.com)

In der Nähe

Haus Voerde (www.voerde.de)

Emmelsumer Schleuse (www.voerde.de)

Strandbad Tenderingssee (www.strandbad-tenderingssee.com)

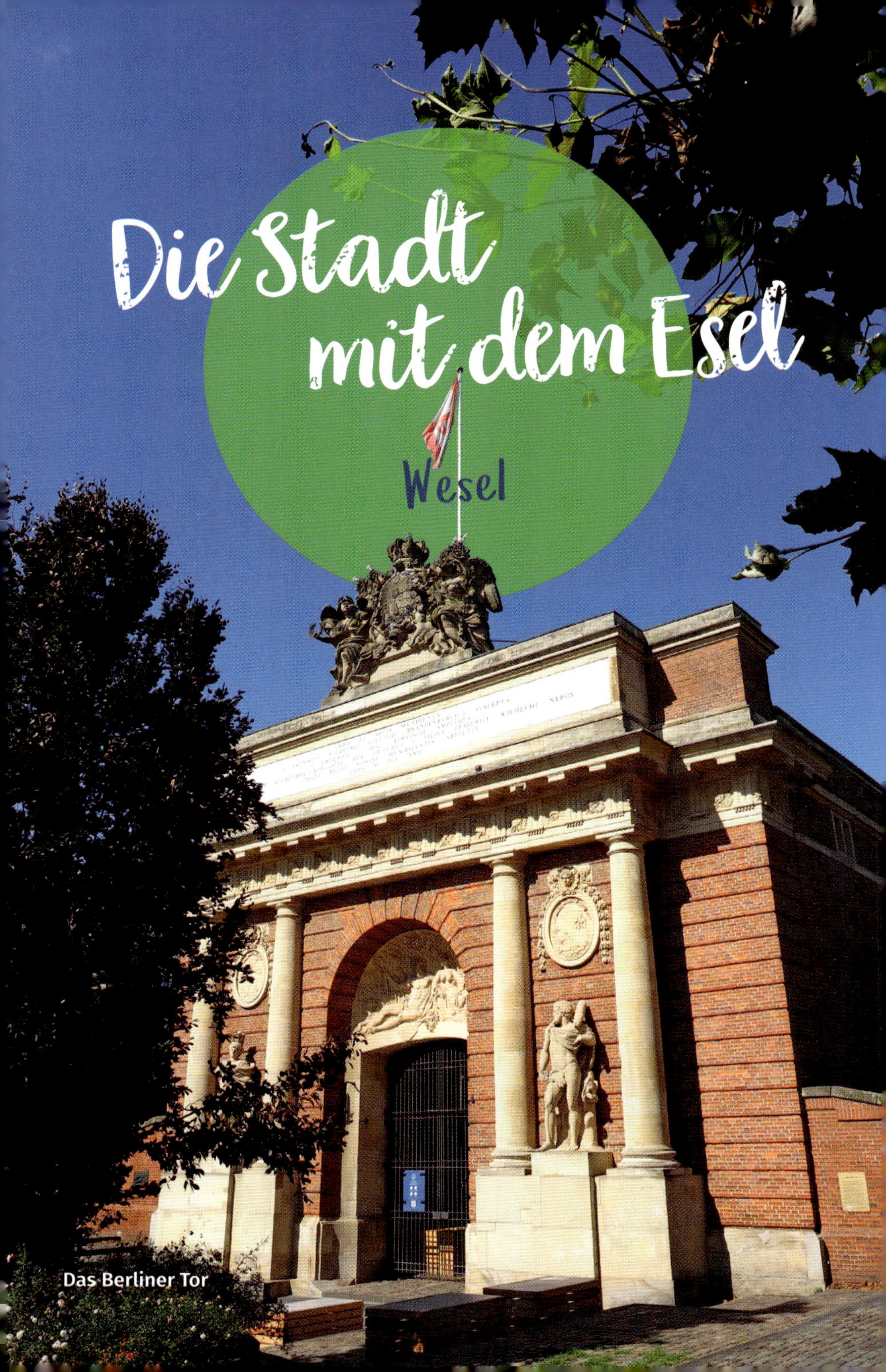

Das Berliner Tor

Es sind gleich zwei Tiere, die das Stadtbild der an Rhein und Lippe gelegenen Kreisstadt mit gut 60.000 Einwohnern prägen: das namensgebende Wiesel und natürlich der Esel („Wie heißt der Bürgermeister von Wesel?" – „Esel!"). Bei einem Bummel durch die Innenstadt begegnen uns überall bunte Figuren dieser Gattung, und nicht nur das: An der Kreuzung Esplanade/Kreuzstraße befindet sich unterhalb des grünen Ampelmännchens an der Fußgängerampel auch ein grün leuchtender Esel.

Doch obwohl im Zweiten Weltkrieg 98 % der Innenstadt in Schutt und Asche gelegt wurden und das Stadtzentrum daher nur partiell durch alte Bauten geprägt wird, gibt es noch so viel mehr, das Wesel zu bieten hat!

22

Anreise Pkw/Parkplatz:

Tiefgarage am Großen Markt: Pastor-Boelitz-Straße
(GPS 51°39'23.38"N, 6°36'39.15"E)
Parkplatz an der Schillstraße (GPS 51°39'8.52"N, 6°37'0.23"E)

Anreise mit ÖPNV:

Buslinien 37, 66, 67, 68, 83, 84, SB7, X27, X28,
Haltestelle „Wesel Großer Markt"
Buslinien 37, 66, 67, 68, SB7, X27, X28,
Haltestelle „LVR-Niederrheinmuseum-Wesel"
Buslinien 72, 80, 299, SB3, X05, Haltestelle „Wesel Post" (Berliner Tor)

www.wesel-tourismus.de

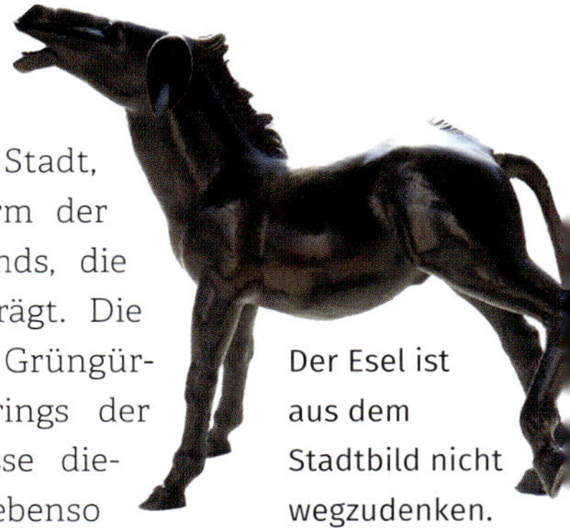

Der Esel ist aus dem Stadtbild nicht wegzudenken.

Schaut man auf Luftaufnahmen der Stadt, erkennt man leicht die gezackte Form der größten Festungsanlage des Rheinlands, die die Geschichte Wesels so intensiv prägt. Die Esplanade und der Glacis genannte Grüngürtel entlang des ehemaligen Außenrings der Festung sind städtebauliche Zeugnisse dieser Zeit und helfen uns heute – ebenso wie die beiden in der Zitadelle beheimateten Museen –, die Größe und Bedeutung der Anlage zu verstehen. 1687 befahl der Große Kurfürst Friedrich Wilhelm I. von Brandenburg-Preußen den Bau einer Festung, die die Franzosen auf Abstand halten sollte. Zeitweise galt sie als die stärkste Festung Preußens überhaupt. Das heute noch vorhandene Haupttor stammt aus dem Jahr 1718. Es zu durchschreiten und über die Zugbrücke zu laufen, vermittelt das Gefühl, in eine andere Zeit zu wechseln.

Museum

LVR-Niederrheinmuseum und Schill-Museum

Die Kasematten des Zitadellen-Tores beherbergen eine Ausstellung zu den Schill'schen Offizieren. Gleich nebenan ist das LVR-Niederrheinmuseum beheimatet, das interessante Aspekte der Weseler Geschichte ebenso veranschaulicht und beleuchtet wie die Historie der Niederrheinlande. Besonders eindrucksvoll ist das begehbare Panorama des Weseler Marktplatzes mit Audioguide, in dem auch die kulturelle und wirtschaftliche Vielfalt der Bevölkerung deutlich wird. Bei den abgebildeten Personen handelt es sich um heutige Weseler Bürger in historischer Kleidung.

LVR-Niederrheinmuseum, An der Zitadelle 14–20, 46483 Wesel
(www.niederrheinmuseum-wesel.lvr.de)

Schill-Museum, An der Zitadelle 6, 46483 Wesel
(www.wesel-tourismus.de)

Weiteres Museum:

Städtisches Museum (www.wesel-tourismus.de)

Info

Die Hanse

Vom 13. bis Mitte des 15. Jahrhunderts bildete der Hansebund eine starke Allianz von rund 200 Hafen- und Binnenstädten. Sie sicherte den Fernhandel im westlichen, nördlichen und östlichen Europa, bot den Mitgliedern Schutz, Rechtsbeistand und Handelsprivilegien, was zu einem lebhaften Austausch und Handel mit Luxuswaren, Nahrungsmitteln und Rohstoffen führte. In unregelmäßigen Abständen fanden Hansetage statt, meist in Lübeck, aber auch einmal in Wesel, das vor allem für die Tuchherstellung bekannt war.

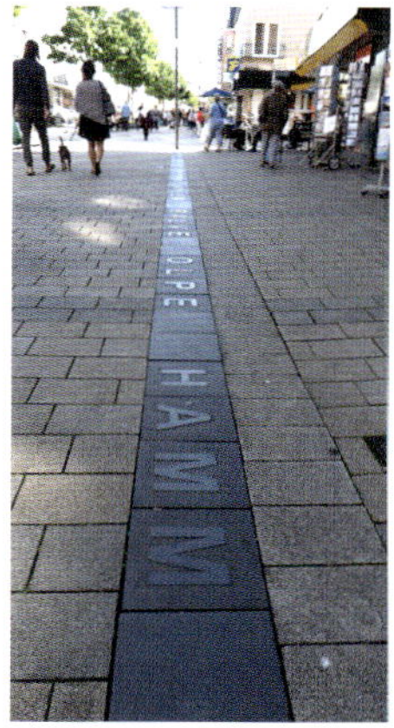

Gotik am Großen Markt

Das Herz der Stadt, der Große Markt, empfängt uns mit atemberaubender Architektur. Völlig unvermittelt sehen wir uns mit dem wuchtigen Willibrordi-Dom (der eigentlich eine Basilika ist) und dem historischen Rathaus aus dem 15. Jahrhundert konfrontiert. Die im Zweiten Weltkrieg zerstörte spätgotische Fassade des Rathauses wurde 2011 mit Unterstützung einer Bürgerstiftung und Spendenaktionen rekonstruiert und begeistert uns mit einer filigranen Schmuckfront im flandrischen Stil, die ihresgleichen sucht. Komplettiert wird die optische Zeitreise durch die überwältigend große und fein gearbei-

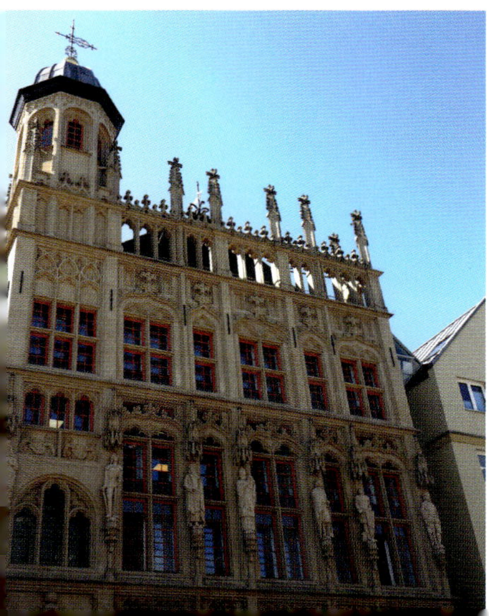

Historische Rathausfassade

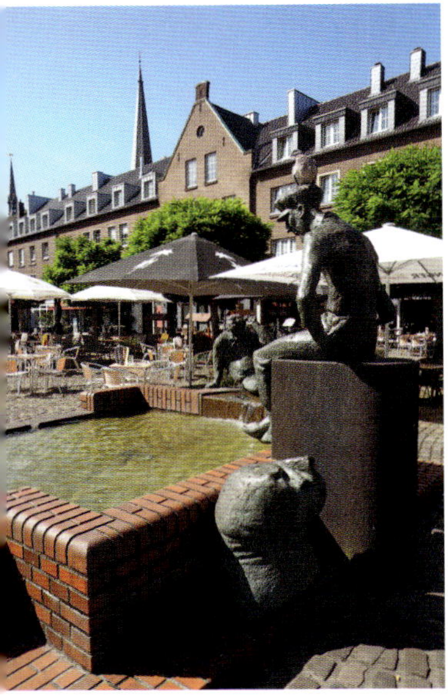

Brunnen am Kornmarkt

tete fünfschiffige spätgotische Basilika, die uns an der Stirnseite des Platzes ihre äußerst sehenswerte Rückseite zuwendet. Der Turm stammt ursprünglich aus der Zeit um 1477/78, der Korpus wurde von 1501 bis 1540 errichtet. Der Wiederaufbau nach dem Zweiten Weltkrieg wurde 1994 abgeschlossen. Das Innere ist eher schlicht gehalten, da es sich um die evangelische Stadtkirche handelt und die ehemals üppige Innenausstattung seit der Reformation verschollen ist. Sie gilt als die größte gotische evangelische Kirche im Rheinland. Absolut sehenswert sind die 46 verschiedenen Gewölbe, unter anderem Kreuzrippengewölbe und Sterngewölbe. Ein großer Sohn der Stadt, Konrad Heresbach, wurde gemeinsam mit seiner Frau hier in der Heresbach-Kapelle beigesetzt. Warum die Weseler von einem Dom sprechen? Der langjährige Wiederaufbau fand wie im

Tipp

Lippefähre Quertreiber

Eine Überquerung der Lippe mit der Gierseilfähre „Quertreiber" sollte bei einer Radtour-Planung berücksichtigt werden! Mit Hilfe einer Kurbel bewegt sich die an einem Seil geführte Fähre nur durch Muskelkraft angetrieben zwischen Nord- und Südufer hin und her und bringt so Fußgänger und Radfahrer sicher über den Fluss. Dies macht besonders Kindern großen Spaß!

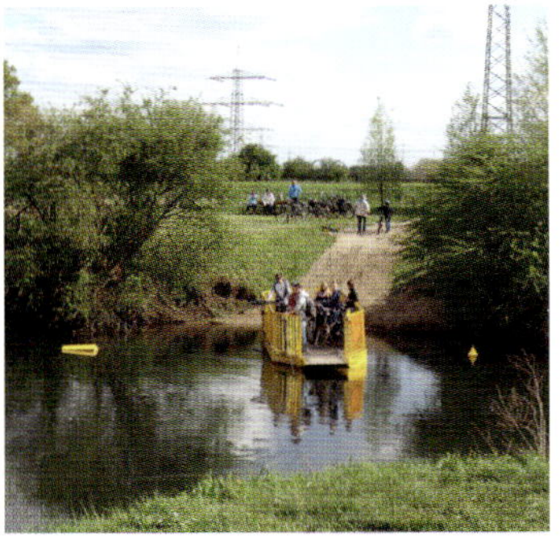

RWE-Straße, 46485 Wesel (Norden)/
Heikes Berg, 46485 Wesel (Süden),
GPS 51°38'39.22"N, 6°40'40.49"E

Info

Große Söhne der Stadt

Peter Minuit wurde zwischen 1585 und 1594 in Wesel geboren. Als Generaldirektor von Neu-Niederland segelte er im Januar 1626 in die „neue Welt". Die Überfahrt mit „Het Meeuwtje" dauerte 115 Tage. Anfang Juli 1626 verhandelte er gemeinsam mit dem Dolmetscher Isaak de Rassiere mit einer Abordnung der „Five Nations" (Mohawk, Oneidas, Onondagas, Caygas und Senecas). Ein Vertrag wurde unterzeichnet, und für 60 Gulden (24 Dollar) wechselte das Stück Land, das einmal Manhattan werden sollte, den Besitzer. Auf der Moltkestraße erinnert ein Denkmal an den gebürtigen Weseler.

Neben der Gedenktafel an seiner Grabstätte im Willibrordi-Dom erinnert eine Statue am Großen Markt an den 1496 in Mettmann geborenen Humanisten und Altphilologen Konrad Heresbach: ein aufgeschlagenes Buch mit einem Zitat, das das Denken Heresbachs auf den Punkt bringt: „... denn es gilt Irrtümer, nicht Menschen auszurotten."

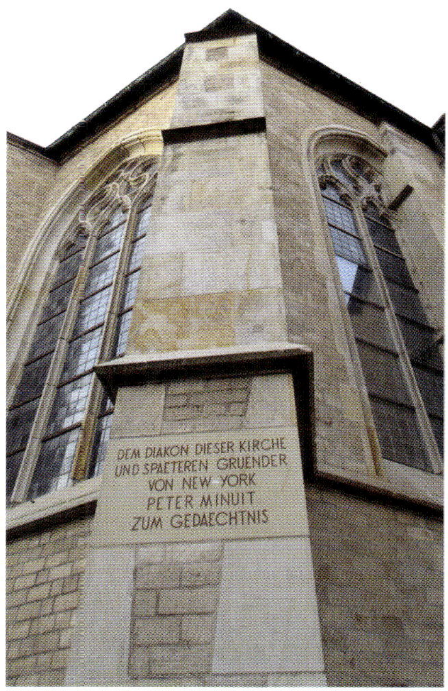

Besonders gerne schmücken sich Weseler Schulen mit dem Namen „Konrad Duden", der 1829 im Weseler Ortsteil Lackhausen geboren wurde und in Wesel studierte. Als Lehrer und Gymnasialdirektor setzte er sich für die Vereinheitlichung der deutschen Sprache ein – ein Tun, das seinen Namen bis heute untrennbar mit der Rechtschreibung verbindet.

Mittelalter mit Hilfe einer eigenen Dombauhütte statt. Im Chor-Reiter auf dem Dach erklingt viermal täglich ein Glockenspiel. Auf der Südostseite erinnert eine Gedenktafel an einen weiteren Sohn Wesels, der hier einst als Diakon diente: Peter Minuit, den „Mann, der Manhattan kaufte".

Hanseband und Berliner Tor

Zwischen dem Großen Markt und dem Berliner Tor verläuft entlang der Fußgängerzone das „Hanseband" – eine 635 m lange anthrazitfarbene Folge von 1.493 Steinplatten mit Buchstaben und 433 Leerplatten, auf der die Namen der 185 Städte des neuzeitlichen/westfälischen Hansebunds aufgeführt werden, geografisch von Ost nach West nach ihrer Lage angeordnet. „Wesel" befindet sich auf der Brückstraße kurz vor dem Großen Markt zwischen Neuss und Gro-

Info

Zur Stadtgeschichte

Noch ein paar Worte zur Stadtgeschichte: Bereits in der Bronze- und Eisenzeit scheint es im Raum Bislich menschliche Siedlungen gegeben zu haben. Ebenso wird ein römischer Wachposten auf rechtsrheinischem Weseler Stadtgebiet vermutet. Belegt ist eine Siedlung an der Lippemündung, von der aus Karl der Große zu Feldzügen gegen Dänen und Sachsen aufbrach. Etwa dort, wo sich heute der Kornmarkt befindet, lag ein fränkischer Gutshof, und der Name „Wesele" wurde bereits für das 8. Jahrhundert urkundlich erwähnt, die Stadt als „Villa Wisele" im 11. Jahrhundert. Bei Ausgrabungen wurde festgestellt, dass bereits im 8. Jahrhundert am Standort des Willibrordi-Doms eine Fachwerkkirche existierte. Im September 1241 erhielt Wesel die Stadtrechte – ein Jahr vor Kleve und Kalkar. 1407 wurde die Stadt Mitglied der Hanse. Im 16. Jahrhundert bewohnten etwa 8000 Menschen die Stadt, die damit fast Köln und Nijmegen das Wasser reichen konnte. Düsseldorf zählte zu der Zeit etwa 600 Einwohner.

ningen. Beim „Hansefest“ finden regelmäßig Vertreter anderer Hansestädte aus aller Herren Länder den Weg hierher.
Die Fußgängerzone endet am Berliner Tor – 1718 bis 1722 im Stil des preußischen Barocks errichtet und einst Teil der Festung.

Die alte Eisenbahnbrücke

Mit typischer Ruinenromantik zieht sie bei Rheinkilometer 815 die Blicke auf sich: Parallel zur modernen Rheinbrücke verlaufen die Reste eines Bauwerks, das 1872–1874 der ganze Stolz der Weseler war. Als Teil der Hamburg-Venloer-Bahn galt das, was heute „Alte Eisenbahnbrücke“ genannt wird, seinerzeit als nördlichste Rheinbrücke Deutschlands und längste Rheinbrücke überhaupt. Kurz vor dem Kriegsende 1945 wurde sie gesprengt, so dass lediglich Teile der aus Ziegel gemauerten Vorlandbrücken und ein (nicht öffentlich zugängliches) Fort auf der linken Rheinseite erhalten sind.

Gastronomie

Restaurant Lippeschlößchen, Willy-Brandt-Straße 2, 46485 Wesel (www.lippeschloesschen.de)

In der Nähe

Museum und Heimathaus Eiskeller im Schloss Diersfordt (www.heimatverein-diersfordt.de)
Heimat- und Rheindeichmuseum Bislich (www.bislich.de)
Naturschutzgebiet Diersfordter Wald mit Wildgatter und „Schwarzes Wasser“ (www.wesel-tourismus.de)
NABU Naturarena (www.nabu-wesel.de)
Auesee und Rheinauepark (www.wesel.de)
Eislaufcenter Wesel (www.eislaufcenter-wesel.de)
Rundfahrten auf dem Rhein (www.river-lady.de)
Fähre Bislich (www.bislich.de)

Vom Rhein, Kasematten und Hellebarden

Rees

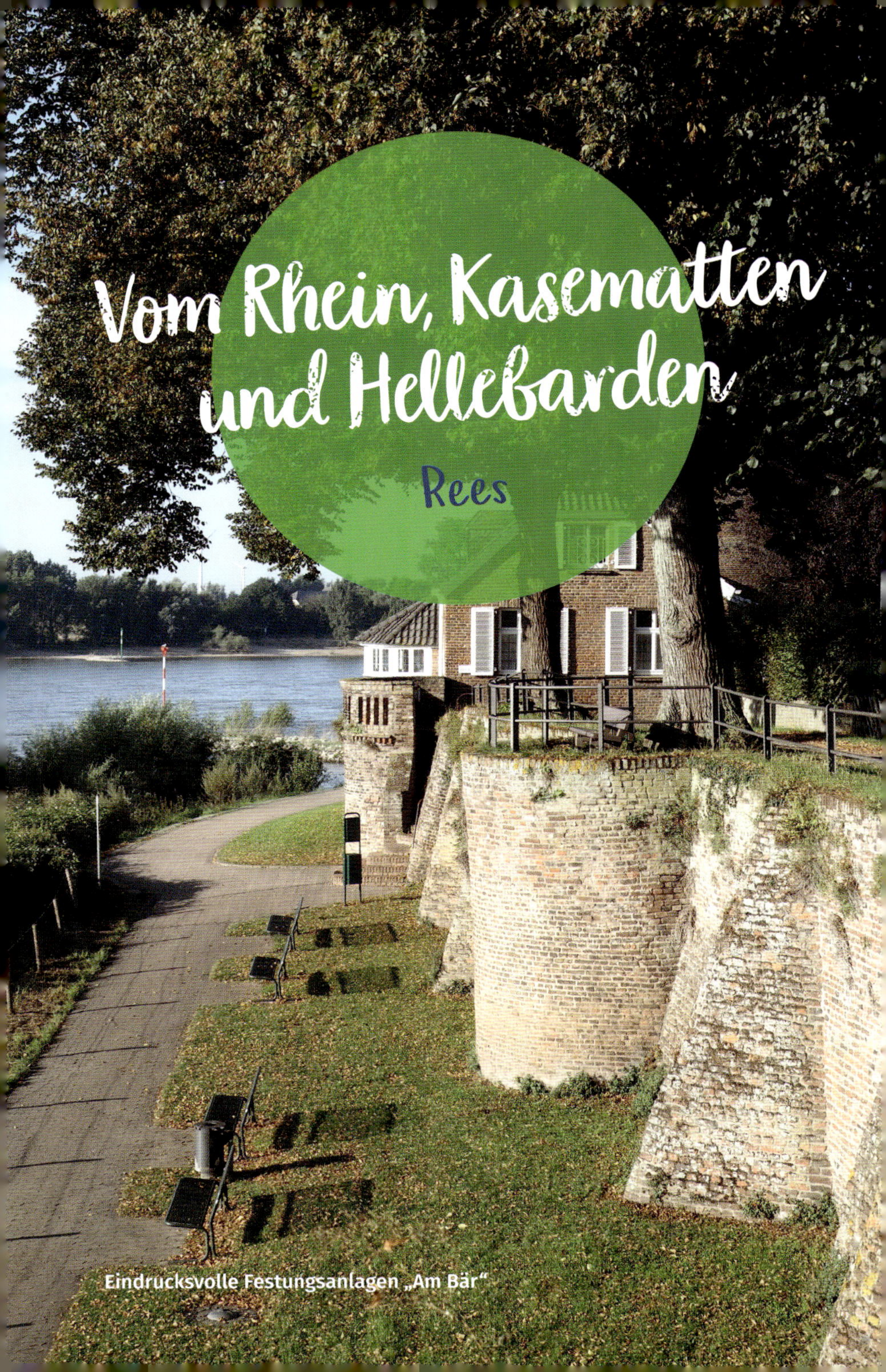

Eindrucksvolle Festungsanlagen „Am Bär“

Ein Besuch in Rees ist ein Fest für alle Sinne! Es gibt so viel Altes zu entdecken und zu erfahren: zum Begehen, Sehen und Anfassen. Doch vor allem gibt es den Rhein, den mächtigen Strom, allgegenwärtig mit seinem ganz eigenen Geruch, dem Wind, der vom Wasser aufs Land zieht, dem dröhnenden Rauschen der Strömung und dem Tuckern der Schiffsmotoren. Ein Moment auf der Reeser Rheinpromenade: der Blick auf das Treiben auf dem Rhein, auf die Brücke im Hintergrund, das grüne gegenüberliegende Ufer – dieser Ort besitzt magische Anziehungskraft und lädt dazu ein, zur Ruhe zu kommen und stundenlang auf das Wasser zu starren. Dabei ist der Betrachter in bester Gesellschaft: eine Vielzahl von Figuren und Skulpturen bevölkert die Rheinpromenade auch dann, wenn keine Menschen anwesend sind.

23

Anreise Pkw/Parkplatz:

Parkplatz Rheinpromenade: Westring
(GPS 51°45'30.79"N, 6°23'26.09"E)
Parkplatz „Am Damm" (GPS 51°45'35.80"N, 6°24'5.31"E)

Anreise mit ÖPNV:

Buslinien 47, 86,87,88, 95, Haltestelle „Rees Schulzentrum"
Buslinien 47, 61, 86, 87, 88, 95, 97, R52, X32,
Haltestelle „Rees Busbahnhof"

www.stadt-rees.de

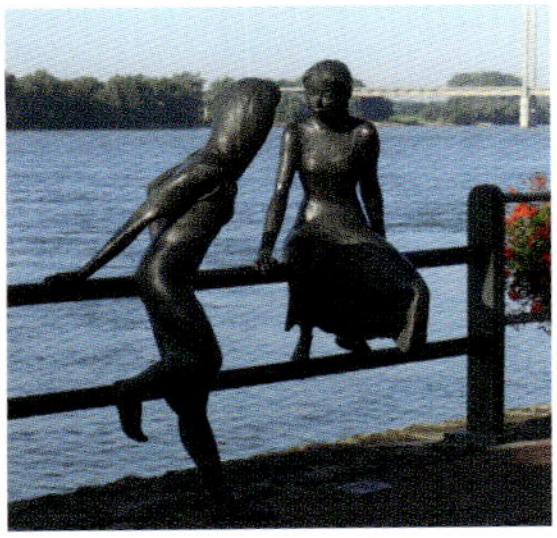

„Gesellschaft“ an der Rheinpromenade

Mit Stolz trägt die Stadt Rees den Titel „Älteste Stadt am Niederrhein“ – und zu Recht! Bereits um 500–800 n. Chr. entstand hier eine fränkische Siedlung auf einer „Ward“ (Anhöhe/Binneninsel) am Rhein. Um 700 n. Chr. wurde eine erste kleine Holzkirche errichtet. Deutlich älter sind Funde im Ortsteil Haldern: Hier fand man bei Bauarbeiten Reste von 4000 Jahre alten Grabbeigaben aus der ausgehenden Jungsteinzeit sowie die Spuren einer Siedlung aus der Hallstattzeit (800–450 v. Chr.). Um das Jahr 1040 n. Chr. gründete Irmgard von Aspel ein Kanonikerstift, Handel und Handwerk erblühten und führten zur Einführung eines Marktes. Am 14. Juli 1228 erhielt Rees vom Kölner Erzbischof die Stadtrechte – einen Tag vor Xanten!

Eindrucksvolle Stadtbefestigung

Geschichte ist in Rees allgegenwärtig. Sowohl im Westen als auch im Osten sind Reste der alten Stadtbefestigung erhalten, die ab 1289 erbaut und von vier verschiedenen Nationen stetig erweitert wurde.

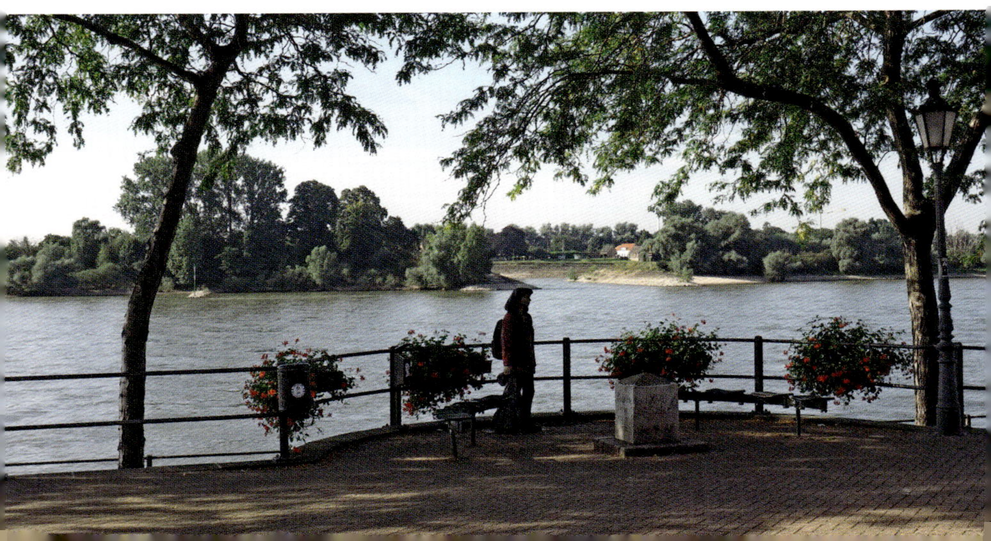

Tipp

Nachtwächtertour

Ein einmaliges Erlebnis ist eine Tour mit dem Gildemeister höchstpersönlich: Der Nachtwächter von Rees ist ein unerschöpflicher Quell alter Geschichten und versteht es, in historischer Gewandung vom Kleinkind bis zum Großvater alle seine Gäste auf eine Zeitreise mitzunehmen und

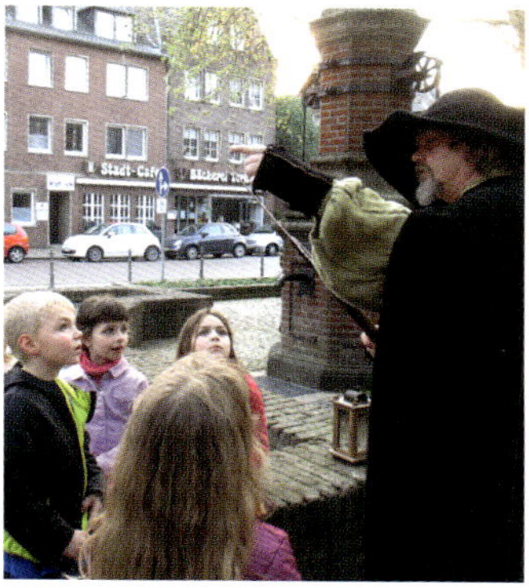

von Reeser Geschichte(n) zu begeistern. Dabei ist er nicht allein: Auch seine gewandeten und zivilen Kollegen verstehen es, bei Stadt- und Themenführungen die vielfältige Geschichte der Stadt ihren Besuchern in all ihren Facetten zu vermitteln.

www.nachtwaechter-rees.de
www.gaestefuehrungen-rees.de
www.stadt-rees.de

Sie gehören zu den am besten erhaltenen mittelalterlichen/frühneuzeitlichen Festungsanlagen im Rheinland und können eindrucksvoll „erlaufen werden" – sowohl oben auf den Wällen als auch am Fuße der eindrucksvollen Mauern. Während wir heute von dem Rondell „Am Bär" aus dem Jahr 1329 den Ausblick auf den Rhein und die Ebene genießen, hielt es über Jahrhunderte Angriffen und Belagerungen

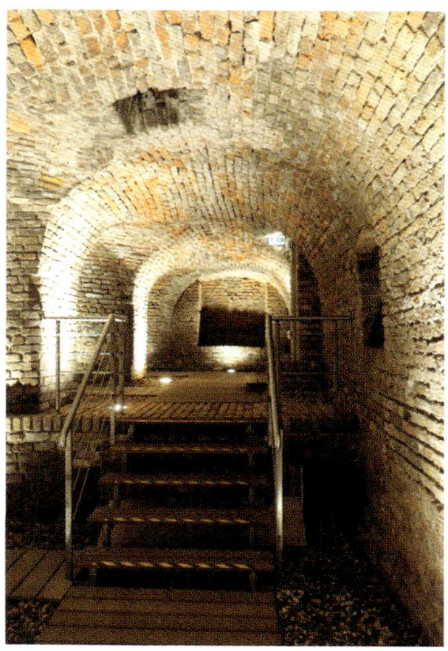

Kasematte „Am Bär"

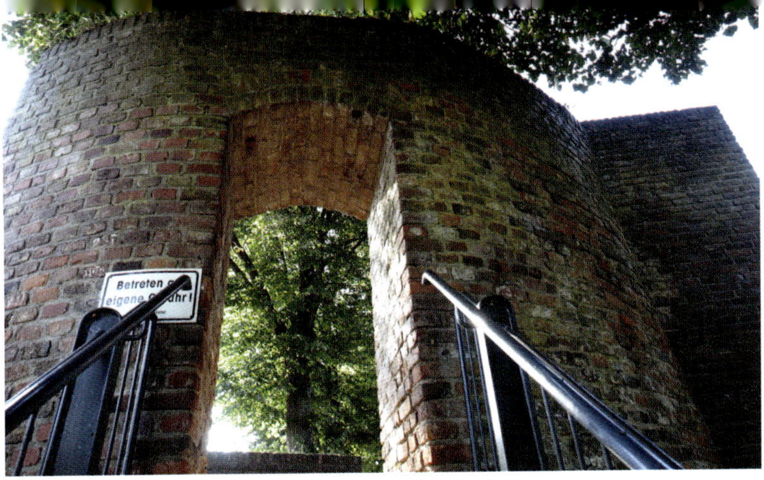

Der Weiße Turm aus dem Jahr 1410

ebenso stand wie den Fluten des Rheins und diente nach 1758 zudem den Franzosen als Munitionsdepot. Ein Modell im Museum Koenraad Bosmann veranschaulicht die Größe und Stärke der Bastionen, und im Untergeschoss lädt eine Tür zu einer Zeitreise ein: wir betreten eine um 1500 erbaute Kasematte für leichte Geschütze. Ähnlich beeindruckend wirkt auch die Bastei am Westring, die bei Stadtführungen ebenfalls betreten werden kann. Doch auch von außen vermitteln die alten Mauern ein eindrucksvolles Bild alter Stadtbefestigungen, und zur Rheinfront hin geht es noch weiter. Den weißen Turm aus dem Jahr 1410 zu besteigen, hinunter in den Park zu schauen und dann hoch oben über Rees zwischen Bäumen hindurch über den Wall zum jüdischen Friedhof zu laufen, ist ein Erlebnis der besonderen Art!

Tipp

Fähre und Personenschifffahrt

Ab dem Anleger an der Reeser Rheinpromenade werden sowohl Fährfahrten ans andere Ufer als auch Linienfahrten zu mehreren Häfen angeboten. Ein besonderer Höhepunkt sind Rund- und Tagesfahrten.
www.reeser-personenschifffahrt.de
www.niederrheinfaehre.de

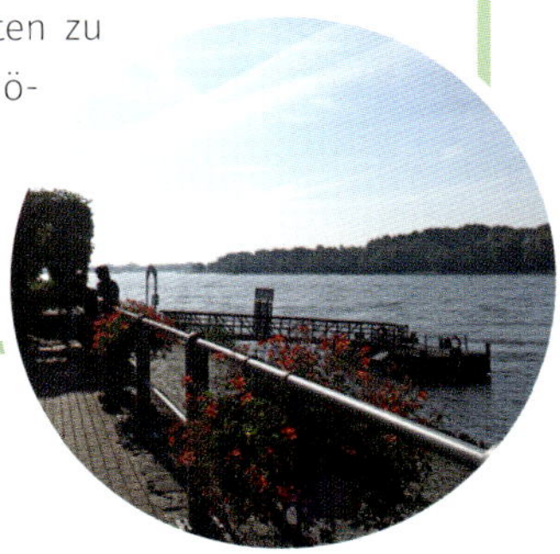

Info

Am Bär

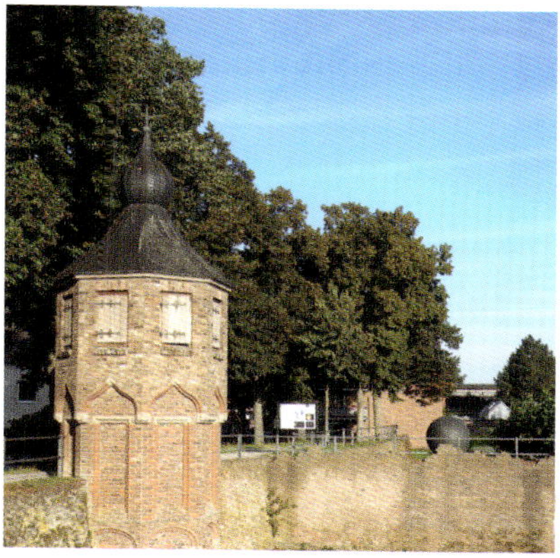

Der nordöstliche Teil der Befestigungsanlagen sowie die ihm zu Füßen liegende Straße werden „Am Bär“ genannt. Dieser Name geht ursprünglich auf Bodenfunde einer ehemaligen Schleuse zurück; eine solche Anlage wurde früher „Bär“ genannt. Doch es gibt noch eine passende Überlieferung dazu: Zur Zeit der spanischen Besatzung 1598 stellte der Sage nach ein Hauptmann seine Untergebenen vor eine Mutprobe. Er verkleidete sich als Bär und ging in einer dunklen mondlosen Nacht brüllend auf die Männer los. Alle suchten schreiend das Weite, bis auf einen, der seine Waffe zog und „das wilde Tier“ erschoss. Ein Denkmal auf dem Rondell „am Bären“ erinnert daran. Bis heute hält sich das Gerücht, gelegentlich spuke der Hauptmann noch an dieser Stelle, weshalb die Reeser in alten Zeiten Mehl auf den Boden streuten, um seine Fußspuren erkennen zu können.

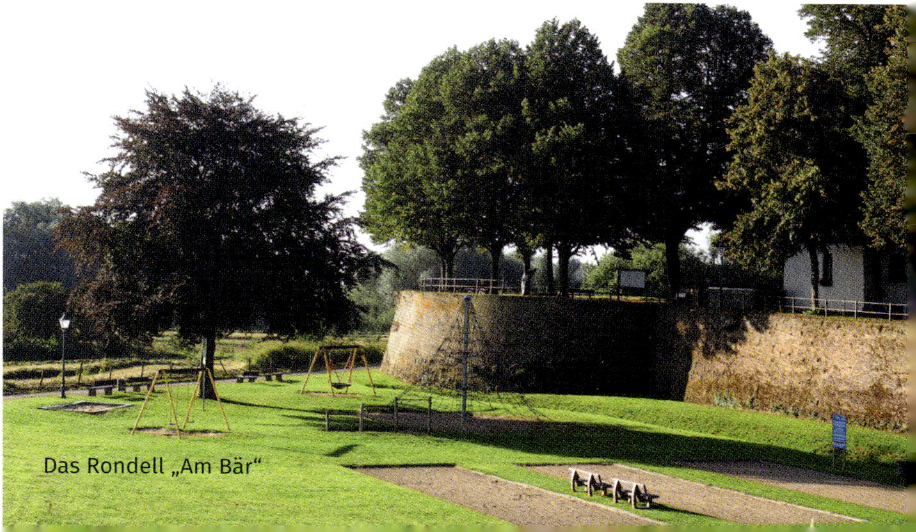

Das Rondell „Am Bär“

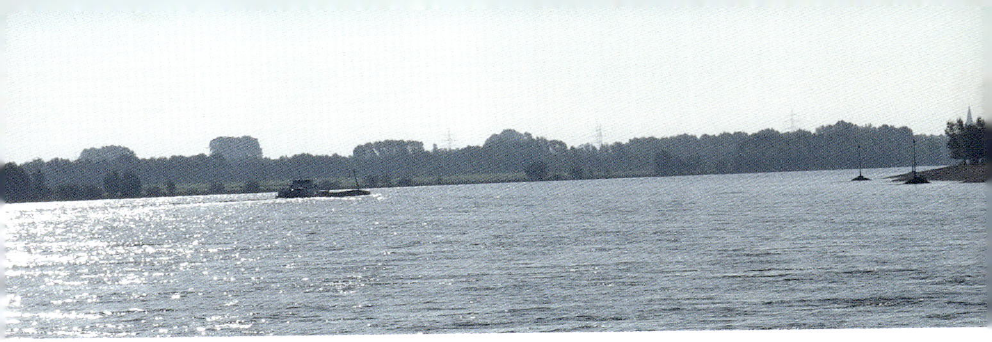

Eine ganz andere Kirche

Rund um den Marktplatz fielen fast alle Gebäude dem Zweiten Weltkrieg zum Opfer. Interessant ist allerdings die Geschichte der Kirche St. Mariä Himmelfahrt. Seit 700 befanden sich hier verschiedene Kirchenbauten. 1817 wurde nach dem Einsturz eines Vorgängerbaus die Ausrichtung verändert. Ein recht schlichter, klassizistischer Bau mit Kassettendecke und korinthischen Säulen wurde in Nord-Süd-Ausrichtung errichtet, um eine bessere Verkehrsführung zu ermöglichen – eine für den Niederrhein äußerst ungewöhnliche katholische Pfarrkirche, die mit ihrer gelben Farbe und den beiden Türmen weithin sichtbar die Stadtsilhouette bestimmt.

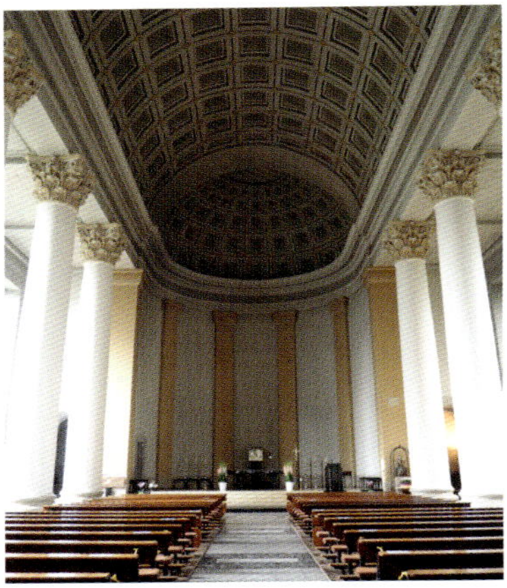

Klassizistische Stadtpfarrkirche St. Mariä Himmelfahrt

Museum

Städtisches Koenraad Bosman Museum

Das Museum beherbergt sowohl eine Ausstellung zur Stadtgeschichte als auch eine Kunstsammlung. Im Keller befindet sich der Zugang zu einer Kasematte aus dem 15. Jahrhundert, die besichtigt werden kann. Am Bär 1 (Eingang: Vor dem Falltor), 46459 Rees (www.stadt-rees.de)

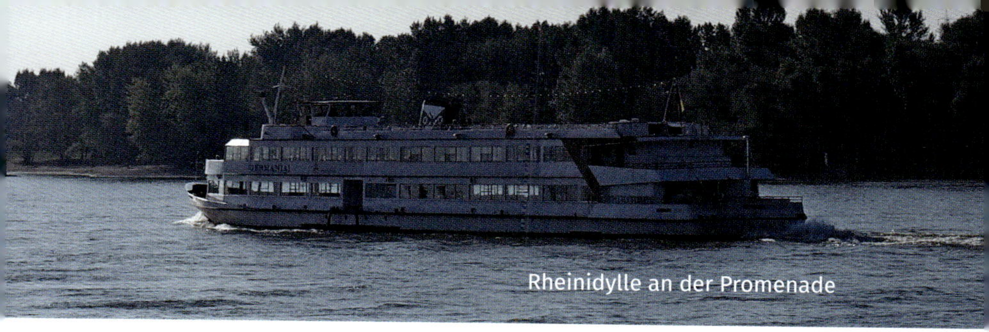

Rheinidylle an der Promenade

Bestimmend im Stadtbild sind auch die Skulpturen, nicht nur im Skulpturenpark, sondern allgegenwärtig, ganz besonders an der Rheinpromenade: Ein buntes Windspiel, „Alltagsmenschen", Bronzeplastiken – überall erzählen Figuren Geschichten von früher und auch von heute. Neugierig macht auch der Aalschokker „Anita", ein Forschungsschiff, das vor der Stadt vor Anker liegt und dessen Geschichte auf einer Infotafel nachzulesen ist. Gleich nebenan erinnert der Geschichtsverein an den Untergang eines Nachens voller junger Menschen Weihnachten 1949. Es lohnt sich, der Stadt Rees mit Zeit und offenen Augen zu begegnen! Hier am Rhein warten Geschichte(n), aufregende Entdeckungen und Entschleunigung.

Gastronomie

Rheinterrassen, Wasserstraße 2, 46459 Rees
(www.reeser-rheinterrassen.de)
Rheincafé Rösen, Markt 6, 46459 Rees (www.rheincafe-roesen.de)
Cafébar 837,5 auf der Reeser Rheinpromenade
bei Stromkilometer 837,5

In der Nähe

Naturschutzzentrum Wahrsmannshof (www.wahrsmannshof.de)
Stadtbad Rees (www.stadtbad-rees.de)
Naturfreibad Millinger Meer (www.strandcafemillingermeer.de)
Fähre Bislich (www.bislich.de)

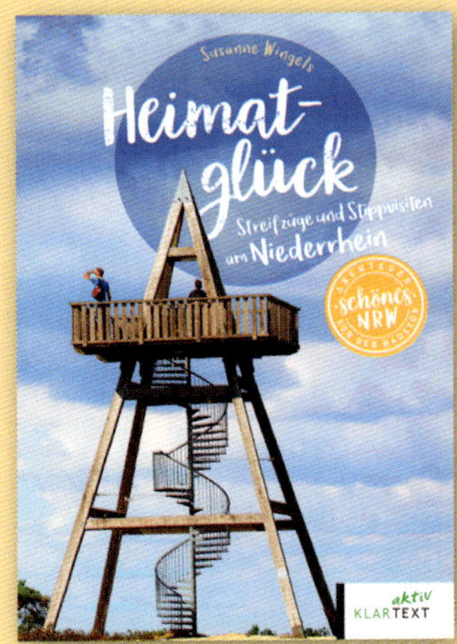
Susanne Wingels
Heimat-glück
Streifzüge und Stippvisiten am Niederrhein
schönes NRW
aktiv
KLARTEXT